星空之下　你我皆有光

林周
拉萨后花园

LINZHOU,
BACK GARDEN OF LHASA

林周县文化和旅游局荣誉出品

情调苏州工作室倾情奉献

主编 张俊启

图书在版编目（CIP）数据

拉萨后花园——林周 / 张俊启主编. -- 北京：五洲传播出版社，2021.9
ISBN 978-7-5085-4669-8

Ⅰ.①拉… Ⅱ.①张… Ⅲ.①旅游指南 - 林周县 Ⅳ.①K928.975.4

中国版本图书馆CIP数据核字(2021)第082563号

出 版 人：	关宏
责任编辑：	张美景
助理编辑：	乔禹
装帧设计：	某只梅
责任照排：	王银梅

书　　名：拉萨后花园——林周
主　　编：张俊启
出版发行：五洲传播出版社
地址：北京市海淀区北三环中路31号生产力大楼B座7层
邮编：100088　电话：010-82005927（发行部）
网址：http://www.cicc.org.cn　http://www.thatsbooks.com

印　　刷：	苏州市越洋印刷有限公司
开　　本：	889×1194　1/32
印　　张：	8.5
版　　次：	2021年12月第1版　第1次印刷
书　　号：	ISBN 978-7-5085-4669-8
定　　价：	58.00元

版权所有　侵权必究　　如有印装质量问题，请与印刷厂联系。0512-68180628

千水之源,万山之巅,
我牧马扬鞭、虔诚祝祷,
只为在雪域高原一睹你的容颜。

她回眸东望，一眼千年

在青藏高原演进史中，林周是造物主赐予的一块宝地。

在西藏文明史中，林周是一处有着丰厚物质基础和文化底蕴的沃土。

在汉藏交流史中，林周是一条纽带、一座桥梁。

在拉萨建城史中，林周的地位和拉萨河一样，不可或缺。

林周，藏语音译，意指天赐之地，天然形成的地方。地处拉萨河上游，距拉萨城直线距离28千米。

千百年来，她与拉萨相伴共生，是拉萨的粮仓，也是拉萨的后花园。

那场被称为喜马拉雅运动的地壳碰撞，造就这片高耸突兀的世界屋脊。亿万年斗转星移，它就这样居高临下俯视众生，看自然界天翻地覆、沧海桑田，看人世间来来往往、聚散离合。

它说，你来或不来，我就在这里，不悲不喜。

它是让人魂牵梦萦的净土。

他来了。带着高原雄鹰的凌云壮志，西征北伐，整合部族，建都拉萨，组织创制藏文，建立起西藏第一个统一王朝。在拉萨，他为心爱的女人建造了布达拉宫。

他说，在宫里，我是雪域最大的王；在你身边，我是世间最美的情郎。

他是松赞干布。

在历史进程的宏大叙事中，很多个体的命运都带着那个时代鲜明的烙印。那个16岁的大唐少女来了。641年，农历牛年，藏历铁牛年。这年的元宵节，对她来说不是团圆，是离别。长安东郊的灞桥边，柳色含烟，春寒料峭，送亲的队伍庞大而豪华。她折下一段柳枝，奔着六千里外的那个婚约，挥泪启程。

她说，所有的遇见，都是命中注定。

她是文成公主。

在这片风土人情迥异的土地，她见到了他，他等到了她。他们共同为这片土地开启了一段新的历史。1300多年后，他们的音容、故事，依然被这里的人们记起、传颂，他们的足迹、精神依然深深植根这片土地，源远流长。

今天的拉萨河依旧在守望、滋养着这座城市，依旧在

续写着他们的故事。从市区沿拉萨河东行,南北两条公路隔河相望、夹河并行。南岸是318国道,这一段又叫拉林公路,连接拉萨到林芝。过经幡招展的纳金山口后,河谷豁然开朗,大片滩涂长满茂密树林,这是拉萨河与其支流澎波河交汇冲积出的三角洲。两条路由此没两条河各自分开,渐行渐远。顺着南岸国道继续前行,很快就进入墨竹工卡县的甲玛乡,这里是松赞干布出生、成长的地方。北岸公路离开拉萨河后,顺着澎波河的走向一路向北蜿蜒,这条编号为561的国道,连接拉萨到林周。林周,是松赞干布走向壮大的根据地,建都拉萨的粮仓,也是传说中他病逝的地方。墨竹和林周,隔河相邻的两个县,在那段历史中,都留下了属于自己的辉煌一页。

沿河北进,地势缓缓下降,视野渐渐开阔,远处山体也从单调的灰黄渐变成深深浅浅的绿色,红白相间的藏式民居不时出现,一块块农田也在路边

展露出来。成片青稞随风摇曳、郁郁葱葱,沼泽草地上悠闲的牛群以近乎静止的姿势,任由时间从大朵大朵白云的缝隙里随意飘过。是得天独厚的自然环境,成就了这片高原上难得的沃土良田。四周高山环抱,横亘北部的念青唐古拉山呵护着臂弯的这方土地,也是拱卫拉萨城的天然屏障。它的支脉恰拉山纵贯东西,把林周县域分割出南北两块截然不同的样貌:南部澎波河曲折流淌,冲积出以农耕为主的平原谷地。北部拉萨河穿行山间,滋养出以放牧为主的山地草场。

一路前行,两边的行道树一路随行。除了枝叶繁茂的杨树,间或还能见到藏地特有的一种柳树,粗壮的树干,不约而同向左顽强扭曲,枝繁叶茂,遮蔽出一路绿荫。是什么让这些纤柔的柳枝固执地朝着一个方向生长呢?是风的牵引,日光的召唤?还是什么神秘力量使然呢?这种被称为左旋柳的植株,千百年来如此,每棵每枝如此,如同虔诚于

一个理想、扰着于一种思念。这种树,布达拉宫有,大昭寺也有。当地人说,西藏原本没柳树,是文成公主把灞桥折下的柳枝带了来,所以柳树又叫"唐柳""公主柳"。由于她想念故土,时时扭头东望,这些柳树也随之扭转,才形成这种奇特的形状。

默然。相爱。寂静。欢喜。

这些陪伴她的柳树应该看到过她在西藏的生活日常。遥远的1300多年前,这位年仅16岁的少女,带着和亲使命,只身来到这片甚至连呼吸都很困难的土地。她是怎样克服语言、饮食、风俗习惯各种障碍,适应这里生活的呢? 传说在延续,这些柳树也在高原不断繁衍,它们传承的,是1300多年的汉藏亲情。

这条路,延伸到平原的腹地,就是现在的林周县政府驻地甘曲镇,这里是澎波河流域的中心。自从有了拉萨城,这条路就一直存在。变的,只是路面从泥土到碎石再到柏油的材质,不变的,是它去往拉萨的方向。这条路,松赞干布走过,文成公主走过,许许多多的人,都在上面留下过印记。1300多年前,松赞干布走出拉萨河中游的甲玛山沟,渡河北上,开疆拓土,清除内乱,这里的人们向他进献贡品,以示效忠。这片紧靠拉萨的土地终于归附，北部安全终于有了保障，让他终于有了建都拉萨的底气。这里出产的粮食、马匹，源源不断供给军队，让他终于有了足够实力纵横捭阖、攻城略地，最终实现吐蕃王朝的统一。

事实上，自松赞干布的父亲起，这片水草丰美的土地就已进入吐蕃王朝的视野。他的父亲曾征服这里，并把这里改名"澎域"，藏语意为"富裕之地"。自文成公主入藏起，这片土地真正迎来了第一次大发展。

那次和亲，她用自己的巨大付出，开创了唐蕃交好的新时代。那次和亲，历尽艰辛来到雪域高原的，除了美丽的公主，还有丰厚的嫁妆。据记载，她带来了500驮五谷种子、1000套耕犁，还有500名各行各业的能工巧匠。她带来先进的农具和灌溉技术，并在拉萨河谷、澎波河流域率先推行。耕地面积扩大、粮食产量提高，为都城人口集聚和城市面积增加提供了必要的物质支撑。也就是从那时起，这里成了拉萨重要的粮食供给地。直至今日，林周县耕地面积占整个拉萨市耕地面积的三分之一，藏族同胞主要粮食作物——青稞的产量，接近全市产量的一半，是名副其实的"拉萨粮仓"。

走在这条路上，头顶是纯净湛蓝的天空，四周是雄奇壮美的高山，一马平川的澎波河沿岸，星罗棋布的树林点缀在田地里。河滩边，黄色、紫色的野花铺陈在碧绿草甸上，不时可以看到三三两两的帐篷支

在树林间。景色宜人,恬淡宁静,宛若世外桃源。这些休闲游乐的人们,有当地居民,也有拉萨来的游客。从松赞干布开始,**这里就一直是拉萨的后花园**。1300多年前,他为这里山水毓秀、风光绝美的自然环境所倾倒,就在色木岗(现在的甘曲镇)建造了夏宫,并修建了这条通往拉萨的路。每年夏季带着文成公主和大臣来此避暑度假。年代的久远、史料的缺失和语言的阻隔,让这片土地的历史充满未知,故事充满神秘。松赞干布的死因至今众说纷纭。有一种说法是,650年,34岁的松赞干布因为瘟疫病逝在色木岗。这时,文成公主入藏才9年。孤独生活30年后,她感染天花去世,吐蕃王朝为她举行了隆重的葬礼。如今,西藏很多地方还都建有纪念她的宫殿、庙宇和塑像。

雪山下，古道边，柳色年年依旧。文成公主的和亲故事依然在这片土地流传。经幡飘摇，拉萨河、澎波河日夜流淌。时光变迁中，这方土地日积月累着属于自己的底色，孕育新的梦想，憧憬新的相遇。

目录

壹
雪域
P1

林周的故事从这里开始。风拂过眼前的山，吹皱脚下的河，在荒野里拔起森林，在岩壁间留下传说。"西藏三峡"的英姿和万株古柏的苍翠，都是一幕幕风景如画。

贰
四季
P25

在春天，看半日桃花纷飞的梦境，感受青春的热血与奋斗的精神；在夏天仰望星河璀璨，品尝一口鲜美，收获一晚安睡；秋天，友人会在边交林乡的小树林等你一起吃火锅、看藏戏；冬季，黑颈鹤来了，林周回归最初的模样。

叁
林卡
P71

听完古老遗迹的诉说，沿盘山公路蜿蜒而上。有故事的柳树和有名字的杨树，哪个更生动？永不停歇的转经筒和饱经风霜的铁索桥，哪个更孤独？万亩无际的油菜花和三十六弯的盘山公路，哪个更惊艳？不同的人会有不同的答案。一片草地，可席地而坐也可载歌载舞；一池温泉，可勾起往事也可放松身心。说起林周38寺，不得不提象征幸运的眼睛、鼻子、耳朵。门内有佛，开门见山。寺里的每一座白塔都有自己的剧情，每一位扫地僧都有自己的理想。人生哪有什么唯一的答案，一起去采蘑菇吧！

狂欢
P99

7月庆丰收，8月吃酸奶，还有3000多年传统的儿童节……在每一个值得庆祝的日子里，穿上最华丽的衣裙，骑上骏马，跳起锅庄，面具之上神话正在上演，面具之下是一个个虔诚而温暖的少年。

舌尖
P119

早晨起来，先去趟茶馆，点上一碗面，再来一壶茶。最香的土豆得去地里挖，最正宗的酸奶得去阿布家里吃。若是来了贵客，必定少不了极品美味。客官，菜齐了，快就着青稞酒尝尝这吉祥如意的味道吧！

巧匠
P143

如果思念有形状，如果气概可以被寄托，以砂石为基，以火焰为媒，以色彩点睛。用一双手编织经纬，用药草还原百年以前的味觉，用宝石研磨出彩虹，落在洁白的画布上，镶在美丽的裙摆间。

牵手
P199

来自远方的情谊，在林周的土地上绽放出红色的星光。平静的水面映照着当年的汗水，震动的地壳也阻挡不了团结的决心。教育赋予家庭希望，科技赋予土地力量。一花一树，遍地牛羊。

纳木措景区

G6

京藏高速

G109

青藏公路

春堆温泉

G6

京藏高速

拉萨西站

林周在哪里

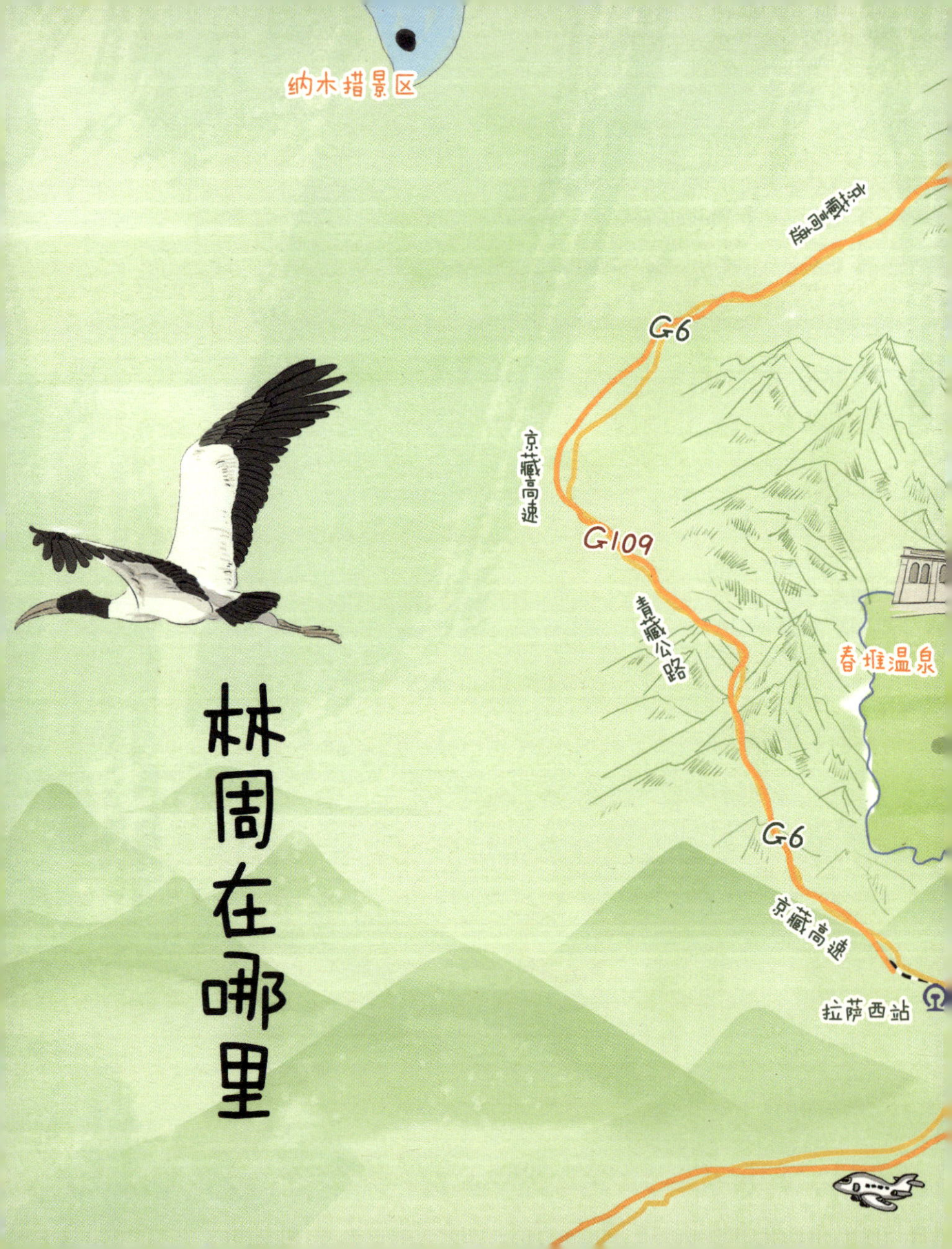

雪域

任飞鹰盘旋,山还是山;
任四季流转,水还是水;
任新人来故人往,山川皆是信仰。

从远古出发,奔涌向未来

地球上的水究竟是从哪里来的,至今没有定论。珍贵的资源,依托不同的形式,云雾、雨雪、河川,存在于天地之间,孕育万物。

作为青藏高原东南部最大的冰川区,念青唐古拉山脉是西藏地区的重要水源地之一。东南山脉的融水经由林周北部旁多峡谷的乌鲁龙曲,与桑丹岗桑雪山上流下来的热振河汇合,形成拉萨河,一路向东、向南,再与林周南部支流澎波曲合流,奔腾汇入雅鲁藏布江。

整条拉萨河自念青唐古拉山顶而来,奔涌南下,呈"S形"环绕林周,亿万年来哺育着这片土地。飞溅的水花里,除了念青唐古拉山顶冰山融水,是否还有更多的寄托呢?

河水见证了圣域的兴起。1300多年前,无数只白山羊从澎波河畔出发,沿着拉萨河一路驮土前行,大昭寺拔地而起。为了纪念白山羊的功绩,大昭寺建寺之初原名为"惹

TIPS

林周地处拉萨河流域,坐拥热振河、达龙河、乌如龙河、拉萨河流域组成的"三河一流",水草丰美、湿地成群,吸引了黑颈鹤、白唇鹿等野生动物在此繁衍生息。

萨幻显殿","山羊"为"惹","土"为"萨"。大昭寺建成后,拉萨城始建。

河水目睹了时代的新生。1959年,封建农奴制被废除,奋斗的汗水取代封建的血泪。1966年,进藏干部和知识青年沿拉萨河奔赴林周,同当地各族干部群众一起平土地、建农场、修水库,把杂草丛生的滩涂变成了物产丰富的拉萨粮仓。

河水迎来了蓬勃的生机。随着虎头山、旁多、卡孜等一批水库的建成,越来越多的野生动物在林周找到了越冬的归属。充沛的水源、善良的村民让高原神鸟的数量不断增长,越来越多的游客辗转来到这里只为一睹黑颈鹤的风采。

世世代代的林周人在拉萨河畔出生、离开又归来,拉萨河从不过问。它把时间融入河水,从远古奔涌向未来。

他的故事,够你喜欢好多年

四周高山环抱,这条叫白曲的河在这里拐了个大弯,松盘村就蛰伏在河水冲出的开阔台地上,人家不多,稀疏的房屋呈"团状"散落。村庄面对的山体略显平缓,深浅的绿色覆盖不住褐色岩石,风化出斑驳的岁月痕迹。即使是切实站在了这里,即使向导明确告知这就是林周宗的旧址,我们依然难以寻出城堡的轮廓,依然无法想象百年前、甚至千年前,它是何等坚毅的样貌。

村庄很小,朴素而沉默,却装着沉甸甸的历史,有解不完的历史谜团、说不完的历史故事。村庄就是林周的缩影以及前世。从新石器时代起,藏族同胞的先民就在这片水草丰美的河谷地带繁衍生息;从松赞干布开始,这片土地归入吐蕃王朝,称为"澎域";元朝时期,这里设置了伦珠宗(伦珠,藏语音译,今译林周),为当时新建的西藏13个大宗之一。所谓"宗",即行政区划单位,藏语里有城堡、置所的意思。从那时起,松盘村对面的城堡,就是当地的管理中心。清朝康熙年间,地方政府在澎域设立伦珠、萨拉、卡孜、朗塘、旁多、达孜6个宗,管理澎域全境,直至20世纪50年代撤并成立林周县。

分分合合的动荡年代,这座城堡在风吹雨打中日渐颓败乃至湮灭,融入周边广袤的草原、高耸入云的念青唐古拉山以及触手可及的蓝天和缓缓流淌的拉萨河里。如今,你很难用某个建筑物或是某条道路、某片树林

来划清林周宗遗址的界线,但站在这块土地上,似乎就总能感受出一些什么不同的味道。是百年前有一队牦牛在这里肆意地品尝过草叶的肥美?或是宗里的藏族人民为了更好的生活而努力开垦过一片荒原?也或许只是面对时间流逝的无力和背靠大山、面朝云海时对自然生出的无比敬畏吧。

那些故事依旧在这片土地上顽强生长。故事开始时,牦牛已经被役使,马与野马已经分开。故事的主人公阿古顿巴在西藏,就像日本的一休和新疆的阿凡提一样是智慧的化身,他善良、勇敢、不畏权贵、乐于助人,在林周,也有很多关于他的传说。那时,这里就是藏族人民主要粮食"卓"（藏语,意即青稞）的产地。农奴们辛苦劳作的成果中,很大一部分都要交给农奴主,第二年青黄不接的时候,很多农奴没有东西吃,只好去向农奴主借"卓",农奴主就坐地起价,借一斗要还三斗,这让农奴们苦不堪言。阿古顿巴看不过去了,他觉得应该想个办法帮穷苦百姓们整治一下那些作威作福的农奴主,于是那年6月,阿古顿巴来到农奴主的庄园,说他是来帮农奴们还"卓"的。农奴主很高兴,但阿古顿巴却说:"头人老爷,在还'卓'之前,为给你助兴,我新编了一种舞蹈,现在就跳给你看。"就这样,阿古顿巴不停地跳,那农奴主兴奋地欣赏着,阿古顿巴一直不重样地跳了一天,农奴主也开心地欣赏了一天。跳完,阿古顿巴转身就走,不明就里的农奴主赶紧让人叫住阿古顿巴:"你不是要替大家还我'卓'吗?为什么跳完舞就要走?"阿古顿巴冷静地笑着说:"尊敬的老爷,我已经还你一天的'卓'了,因为我跳的舞名字就叫'卓'。"莫名其妙的头人老爷愣了半天才明白,原来阿古顿巴用他的"卓"舞还了大家的"卓"。没办法,头人老爷只好宣布农奴们借的"卓"已全部还清。城堡虽然消失在岁月的磨砺中,但阿古顿巴的故事和他所象征的智慧、仁德、自由而浪漫的精神,已经镌刻在这片土地上,散播在当地人的茶余饭后,并深深融入他们的血液中。

 **TIPS**

林周宗建于1857年,1960年撤销,与周边宗縠合并成为今天的林周县。如今的林周宗遗址位于林周县松盘乡的松盘村里。每天都有从林周县到松盘乡的大巴,到了乡里步行1千米可达松盘村,林周宗的遗址便在这里了。除了感受遗址残留下的精气神,周边还可以游览松盘庄园遗址、乃苏寺、加查寺等景点,那些也都曾是林周宗的一部分。

湛蓝的天幕,
纯白的云朵,
初春的湖水还很凉,
站在海拔5230米的果拉山顶湖泊,
我问你看什么,
你说山的那边是拉萨。

山是什么?

亿万年前,印度洋板块与亚欧板块热烈相遇,在中国的西南部隆起了一座高原,造就了与内陆迥异的地质面貌。

从县城往北走,就算一头扎进了山区。

念青唐古拉山支脉——恰拉山从林周县境内横穿而过,将县境分成了两部分,北部即是绵延不断的山峦。

从并不平坦的公路前行,越过一个个的垭口,海拔越来越高,身体的反应也越来越强烈。虽然已经修整出了公路,车子还是上下左右颠簸不停。能在这里正常行走已经耗尽了全部的精力,那些正在筑路的工人简直可以算是人间奇迹了。

当地人说,到了冬季大雪封山的时候,险峻的地势让人丝毫不敢有"冒犯"之举,真正是"千山鸟飞绝,万径人踪灭"了。平日里,动物倒是比人自如。绿色的山坡上,零零星星的牦牛闲适地散着步,在它们的领

地上尽情享受着造物主赏赐的阳光与空气。

到了地势相对平坦的地方，尽是高悬的经幡。

在走不出大山的日子里，在这片土地上发生的很多故事都被赋予了神话色彩，有些甚至在今天仍然流传着。常年与大山为伴，人们坚信要敬畏自然、敬畏生灵的朴素道理。

从一座山跨到另一座山，从一条路走到另一条路，这里的人生于斯、长于斯，最终也会长眠于此。

山是居所，亦是信仰。

TIPS

林周县西、南、北三面环山，边缘山体海拔在5000~5500米之间，高山向河谷过渡的山体多在海拔4200~4800米之间，相对落差多在800米左右。

随着G561恰拉山段、S303旁多到唐古段陆续修建完成，如今去往林周北部三乡的道路平坦宽阔，曾经颠簸的路况已经成为记忆。

一直想不明白,为何寺庙都要建在险峻的山腰处,直到有一位僧人对我道明,山路越陡峭、越难走,心境就越沉静、越虔诚。

群山被红色描绘,牧场被黄色铺垫,翠绿的树林错落其间。推开房间的格窗,多彩的景象便闯进你的眼睛,壮丽又难忘。

一眼不够,那就多看几眼

在见到旁多水库之前,我实在无法理解,为什么会有人专门打6个小时"飞的"加上3个小时山路颠簸就为了去看个水库?但当我真实地站在横穿水库的大坝上,满眼碧蓝,才后知后觉,为了这一眼,任何辛苦都值得。

前一晚刚到林周的县城里落脚,我们就得知去往北部的必经之路明早将要封路维修的消息,连夜赶路不现实,毕竟是惊险指数五颗星的盘山公路,老司机也没有赶夜路的自信。"要不就别去北部了",我熟练地打起了退堂鼓,"不就是个水库嘛",后半句没敢说出声,在心里嘀咕了一下。同伴无视我的发言,决定明天早起,赶在封路前出发。

这里的早起,指的是凌晨五点。司机嘱咐我们,"上车前先别吃东西,会吐的"。于是在阴冷的晨雾里,我们饥肠辘辘地上路了。前半段我俩还很清醒,被冻的;后半段习惯了摇晃,便开始昏睡。叫醒我的是一阵急促的拍打,我睁开惺忪的睡眼,看到同伴放光的双眼,看来是到了。

当我真实地站在横穿水库的大坝上，睡意瞬间清空，愣了很久，发出一声"哇"。这跟我想象中的水库完全不同，与其说是一项工程，不如说是一件艺术品。巨大的、平静的水面把高山、白云、蓝天、草甸折叠成倒影，一虚一实两个世界在水面相接，这便是加倍的美好了。再细细地看，远方的山顶处似乎已经有些积雪，背光的山坡是灰黑的冷色调，向阳的坡面则闪耀着金色的光，我脱口而出又是一声"哇"。

除了颜值高，旁多水库值得一"哇"的地方还有很多。比如它身价不菲的总投资；比如它集灌溉、发电、防洪、供水于一体的功能，把整个拉萨的防洪标准从百年一遇提高到两百年一遇；再比如它的"朋友圈"，一入冬，水库边就成了动物们的"大型聚会现场"，因为这里是附近的野生动物饮水的好方……此等宝藏地，就算路途再远、海拔再高，又算得了什么呢？

TIPS

旁多水库是西藏自治区"十一五"重点水利建设项目。水库地处拉萨河流域中游河段，总库容12.3亿立方米，总投资45.75亿元。被誉为"西藏三峡"。

冬天山体结冰，栖息在附近山顶的高寒动物如白唇鹿、棕熊等便会下山寻找水源，水库是它们饮水的绝佳场所，一般清晨或黄昏时分去水库可以碰到它们哦！

你看到的第一朵花,就是我

传说,林周县北部的唐古乡有一座草木不生的荒山。有人说观音菩萨后来在此修行,功德圆满之日剃下的头发飘落荒山,化为柏林,从不枯败;也有人说藏王松赞干布立于荒山,将自己洗头发的水泼洒在山坡上,祈祷祝福,便长出了漫山遍野的翠柏。千百年之后,这片7463公顷的苍翠古柏树林,于2004年正式被认定为热振国家森林公园。

这座森林公园实际没有明确的边界,毕竟不是围网养殖,而且它也确实大到你目力所及皆为公园境内的地步。这里的原始森林绿树成荫,山间遍布成千上万株千年大果圆柏,苍劲有力又恣意妄为地生长着。以热振寺为中心,古柏漫无边际地向四面八方延展着自己的林荫,它们没有高耸入云誓要把天捅破的气势,却如盘卧的蛟龙,紧贴着蜿蜒的热振河谷,把根扎得很深。

都说来这里最佳的时节是春夏,你甚至能在阳光与微风中感受到西藏高原别样的一面。而我偏遇着了初秋的雨季,在一个绵绵细雨的午后造访这里。雨下得不紧不慢,不用打伞。**难得这湿润的空气,伴随着泥土的清芬,在步伐的节奏里被搅匀、被打散。**它沁润了干燥出血的鼻腔,让我嗅到了大自然的香气;它拂过唇齿之间的裂痕,我似乎尝到了一丝甘甜的味道。

进入高原的日子,缺氧的感觉就未曾间断过。只是这森林间无比清新又略带冰冷的空气,会让你更加情不自禁闭上眼,尽情深呼吸,贪婪地吞噬着弥散在这千顷密林间的

 TIPS

西藏热振国家森林公园

位于林周县北部唐古乡境内，距林周县城95千米，距拉萨160千米，大昭寺早上有班车前往，当日可来回。公园海拔4200米，占地面积7463公顷，有28万株千年大果圆柏，其中部分古柏高达12米。热振国家森林公园与连绵30千米的热振河谷形成了独特的河谷风光。公园内还生存着大量的珍稀野生动植物，白唇鹿、雪豹、黑熊、狐狸等野生动物都在森林公园内部和周围繁衍生息。

每一个氧分子，甚至恨不能化身一只貔貅，吞下这山间每一丝甘甜的气息。鸟儿清脆悠长的鸣叫声在耳边萦绕，久久不能散去。

对了，这儿还有很多野生动物。林周最出名的黑颈鹤和白唇鹿就生活在这森林的周边。想看白唇鹿，那你得赶早，天蒙蒙亮时他们会成群结队地从山顶下来，去河谷边饮水觅食。至于"高原神鸟"黑颈鹤，冬天来看吧，而且只能远观，傍晚时分它们会集体飞回位于虎头山水库、卡孜水库附近的滩涂宿地，衬着白雪皑皑的山间，甚是壮观。

人在城市里生活久了，往往会忘记自己也是动物这个事实。而动物的本性是向往自然的。因此，当你久困于城市的钢筋水泥里无法自拔时，走进这片山水旷野之间，还有什么烦恼不会被山间的劲风吹散于九霄云外呢？

曾经有位朋友对我说："或许，我就是一枝艳俗的花，但偏偏生长在4300米的高山，不爱任何人，也不让任何人来爱。"在去往林周的前夜，我告知她："我就要踏上那座4300米的高山了。"她回答："那你看到的第一朵花，就是我。"

山脚下，蓝紫色五角花瓣像喇叭一样绽放的无名小花，在郁郁葱葱的青绿色里显得格外绚丽夺目，而一转眼又隐匿在了一望无际的碧水蓝天里。

恍惚间，头顶苍穹传来一声鹰唳，惊空遏云。顺手摘了一颗沙棘果塞进嘴里，嘶……太酸了吧！

把烦恼留在山脚下

　　人总是对未知的事物充满了恐惧。入藏以前，我最大的担心是"高反"，尤其是在朋友圈目睹了第一波入藏同事的"惨状"后，更是忐忑。记得朋友晒过一张图，画面里是直上直下的楼梯，说是由于"高反"的缘故边爬边喘，费了吃奶力气，10分钟以后才"登顶"。我们这批人入藏以后，第一站是唐古乡，去到热振寺时，没多久就见到了朋友照片里那直上直下的楼梯，尽管的确陡得要命，但可能因为有了山脚下泉水的洗涤，"登顶"并不困难。"楼梯"是热振寺通往顶层天台的路，泉水来自甘露泉。

　　甘露泉在热振寺山脚下，走到跟前时，带领我们前往的当地人已经为同行的小伙伴舀了一瓢泉水洗手。轮到我时，只觉冰冰凉凉的泉水从指缝间漏下，落到土中似乎都觉

得能开出花来。掬一捧在手心,低头虔诚喝下,沾着泉水的五指轻触额头。一套流程下来,我抬眼看到蓝得无法用语言描述的天空、柔软如絮的白云,只觉得内心无比安宁。

坐落在半山腰的热振寺四周古柏苍翠。柏树的种子叫柏香籽,也叫百香籽,可以做成手串,高海拔的生长环境使得百香籽的皮质、油性、密度、自然纹路都十分精美。热振寺周边的柏香籽每两年成熟一次,但真正能做成文玩手串的却十分有限。拥有了一定要加倍珍惜。

站在寺庙顶层的平台,可以望到远处的山脉。即便已经是秋天,覆盖在山上的草木仍呈现勃勃生机,它们自带坚韧、执着的气质,让面对它们的芸芸众生会因自身的渺

小而自惭形秽。平台上时不时会飞来成群的鸽子,人一挨近便扑棱着翅膀飞走了,向着广阔的自然,也向着自由。

热振有"根除一切烦恼"的意思。在目睹了依次排列在山峦之间的108个白色佛塔、飘扬在半空中的各色经幡之后,似乎我们内心所有的问题都有了答案,而所有的答案似乎也都已经不再重要。烦恼,早已被留在了山脚下。

热振寺是我们西藏之行的第一站,时隔几个月,我仍能记得甘露泉泉水流过指尖的触觉,仍能感受到第一次目睹纯净天空的感动。世间万物,本该如此纯粹、简单。

TIPS

热振寺距今已有九百多年的历史,每逢藏历羊年七月十五日,热振寺都会举行"帕邦塘廓节"。

让事物融化的温暖,
是感觉。
将世界映照出红色的光亮,
是视觉。
而内心因此涌动泛滥的,
才是烛火的初心。

他们来过，我们看过

去江多摩崖造像的路上，我脑海中一直萦绕着一个画面：高空悬日，大锤一下一下砸在钎子上，石壁上的痕迹渐渐清晰，偌大的山谷中间空空荡荡，回响渐渐弥散开来。刺骨的寒风从雕刻工匠的衣服中穿过，不过他似乎已经在日复一日的工作中适应了这种天气。不知过了多少年月，他在完工后拍拍身上的灰尘，向着下一个岩壁出发了。

由于历史资料留存极少，我无法描述他们日常雕凿的艰辛细节。然而，历史上真实存在过这样一群人，他们没有留下姓名，后人只能从他们的作品中去揣摩当时的情境，遥想当年的故事。在没有工业器械的年代里，不知道创作者们经历了多少磨难，风餐露宿、披星戴月，最终将此刻定格成了永恒。

摩崖造像就在热振藏布北岸，山势并不险峻，身手矫健的小伙子几步就能爬上去。

然而，坐拥一线河景让这些佛像更有神秘悠远的意境。

这是一幅完美的画面。

眼前的热振藏布川流不息，像是时间丝毫未曾停下脚步，而那些工匠的巧手将时间刻画下来，永远停留在了这里，守望着雪域高山。

建筑是凝固的历史，它把彼时变成了此时，把过去变成了现在，又将现在传递给未来。几百年过去，我们仍能从镌刻的痕迹中感受到那份对于手艺、对于时间的虔诚。

他们曾经来过这个世界，我们曾经看过他们的用心之作。

 TIPS

江多摩崖造像位于热振藏布北岸约400米的日吉懂山腰西侧岩壁上，西约200米为江曲河，高差约35米，海拔4140米，隶属林周县唐古乡江多村。造像凿刻于岩壁上，内容是三怙主像，由北至南依次为文殊菩萨、四臂观音、持金刚，皆有圆形头光、背光及仰覆莲台座，造像技法系浅浮雕。从雕刻技法及造像风格判断，其时代为清代。

贰

四季

屋檐下的风铃响了,
远处的经幡也摇曳起来,
衣袍从舒展到皱起,
像极了眼角的皮肤。
望一眼窗外,
便知那是风也是你。

远处的山色冷暖，
身旁的人儿翩跹，
故事里的小黄花，
随记忆摇晃，
在这阳光明媚的春天。

春

那一树桃花

人间四月芳菲尽,当拉萨的春花陆续谢幕,夏寺的桃花才迟迟舒展开来。

西藏赏桃花的地方有不少,林芝的桃花节名声在外,拉萨的帕帮喀也积攒了不少人气,但人少景美的夏寺也是一处鲜为人知的世外桃源。

抵达夏寺已经临近中午,车在旦马山的半山腰缓缓停了下来。一路颠簸把人们晃得晕乎,大家都半眯着眼下车,一抬头,开得极旺的粉色枝杈立刻吸引了所有人的视线。春风乍起,粉色的桃花雨就淅淅沥沥地旋转下落,划过金色耀眼的塔尖,拂过转经筒上觉姆(女出家人)沧桑的手,落在铺满白灰的地面上。

陶渊明笔下的落英缤纷,大概就是如此场景。

我们沿着因白塔错落而形成的、弯弯绕绕的转经小道一路走。从外围看夏寺的规模并不大,但是漫步在塔林里却如同行走在迷宫中一般,大大小小的 108 座白塔遮掩住眼前的路。本就方向感欠佳的我决定跟随一位转经的觉姆,然而觉姆脚步极快,就在我抬头望一眼桃花的工夫,她的背影便匆匆消失在某座白塔之后,等我追过去,又是空空的一片塔林。

突然觉得自己有些可笑,明明已身处世外桃源,为什么还急切地找出口呢?不如就安心赏花。步履放缓,眼前的风景便成了慢速。经幡慢悠悠地扬起来又落下去,花瓣在风中翻滚追逐。不知穿过了多少白塔,出口适时出现,沿着台阶,踏着娇嫩的花瓣与此间秘境作别,竟也不觉遗憾,甚至是心满意足。

临行前觉姆邀我们饮一杯茶。窗内热气袅袅,觉姆握着茶杯,与我们讲述关于寺院的传说,窗外是安静的院墙和不时飘落的粉色精灵。

又是颠簸着下山,转过一个弯,夏寺便被山脉隐去了踪迹。窝在后排迷迷糊糊地睡着,梦里觉姆还在喝着手里的茶,我看着窗外呢喃,这里就是世外桃源吗?觉姆听着笑了起来。

TIPS
夏寺是名副其实的小众秘境,位于强嘎乡,寺庙中最有名的是白塔和桃花,推荐大家4月下旬去游玩。

边交林乡茶馆
（早餐）

10:00

美好的一天从一碗酥油茶开始，第一次喝总是会有些不习惯，但是值得一试。

联巴村
传统古村落
（陶瓷制作技艺）

11:30

作为拉萨的三处传统村落之一，林周联巴村2018年入选中国美丽休闲乡村。在联巴村，除了可以感受原汁原味的古村落，还可以一睹制陶技艺的风采。

甘曲镇
（藏香制作技艺体验）

12:30

藏香制作是雪域高原特有的传统技艺。位于林周县甘曲镇的拉萨楚布文化传播有限公司是一家致力研究、开发传统藏香文化的龙头企业，旗下藏香系列产品曾荣获中华品牌商标博览会"金奖"和西藏自治区"文创西藏"区域公用品牌认证。到这里参观体验，亲手制作一束藏香，是送给自己和亲友的健康优选。

林周县双创中心
（午餐特色牦牛排）

13:30

来都来了，当然要尝尝硬菜！牦牛肉已经足够诱人，更别提入口有弹性、肉味更香浓的牦牛排了，高蛋白、低脂肪、低热量、富含多种氨基酸，营养价值是普通牛肉的十倍，这谁顶得住？

林周农场

14:30

凤凰牌自行车、上海牌提包、明信片、小人书、手表、农具、军用饭盒、老式缝纫机……站在林周农场部旧址,仿佛置身于那个激情燃烧的年代。

16:00

夏寺

四月底,赏桃花。夏寺的桃花和108座白塔是出大片的好地方!

18:00

林周城投诺桑林酒店
(新式藏餐)

环境小清新,口味也不错,与其说是酒店,它更像一家餐吧。各种藏式菜肴应有尽有,而且创新的做法很适合外地的游客。

! 驴友注意

3、4月份林周气温还比较低,白天最高气温10℃左右,晚上则会降到3℃左右甚至零下,昼夜温差极大,防寒保暖的功课一定要做好。5月份林周初步脱离寒冷,白天气温高达18℃,开始进入旅游的旺季。

○ 春日彩蛋 开耕节

开耕节是西藏全区春日里最重要的节日之一，藏语中被称为"聂卓"。"聂"指肩膀，"卓"指一种典礼。开耕节，即为用肩膀庆祝的一次盛大典礼。开耕节当天，藏族人民身着盛装、手捧哈达、高举青稞美酒、踩着欢快的舞步，来到田间地头，祈求这一年风调雨顺、五谷丰登。作为西藏春季最重要的节日，每年开耕节的日期都不固定，而是根据严谨的藏历节气并且结合区域文化推算而来的，简单来说，西藏的开耕节与汉族农历二十四节气中的雨水相似。如果春天去林周，说不定可以遇上呢！

岁月飘过，有一种精神永存

> "进军西藏，不吃地方。"20世纪60年代，西藏军区先后在这里建成澎波、林周两个农场。来自各地的知识青年们用自己的青春汗水和知识技能，同当地各族干部群众一起开垦良田、构筑水库，仅在第一个收获季，林周农场全年共生产粮食20.3万公斤、蔬菜13.15万公斤、油菜籽2.7万公斤、甜菜11万公斤、土豆72万公斤，以实际行动践行并丰富了"老西藏精神"和"两路精神"，在林周大地上树立起理想信念、民族团结的丰碑，也为后人留下了宝贵的精神遗产。

去往林周农场的途中，一条干净蜿蜒的柏油路，放眼望去，尽是金灿灿的青稞地，一眼看不到边，在阵阵微风吹拂下，传来一波又一波丰收的喜讯。看着眼前的景象，谁又会相信这里曾经是一片荒草丛生的乱石滩呢？

时间倒回到20世纪60年代。"广阔天地，大有作为，到祖国最艰苦的地方去，在遥远边疆把根扎，从金水桥畔出发，驶向雪域边陲……"随着一声声嘹亮的宣誓，1965年9月，首批117名北京支边知识青年千里迢迢来到雪域高原，投入"开发边疆，建设农垦"事业当中。第二年，来自河南郑州、洛阳、开封等地以及山东青岛的1800多名知识青年加入他们的行列。知识青年的到来改变了西藏农垦队伍的结构，成为西藏农垦事业的重要力量。

始建于1966年的林周农场，就是在这样的时代背景下艰难起步的。西藏和平解放前，这里全部都是杂草丛生的荒地。进藏干部和知识青年踏上这片土地后，和藏族人民一起平整土地、修建梯田、开挖水渠、建设农场，为林周成为拉萨的粮仓打下了坚实的基础，为西藏经济发展做出了重要贡献。

近年来，中央预算与江苏援藏通过持续投入，对林周农场尚存礼堂、宿舍、供销社等7座建筑物进行改造，昔日破败的旧址，如今成为重要的爱国主义教育基地。凤凰牌和永久牌自行车、上海牌提包、小人书、军用饭盒、老式缝纫机静静陈列,犹在回味峥嵘岁月。推开窑洞的门,就像打开一本尘封多年的相册,每一张照片都无声地讲述着一段段历史,让人仿佛置身于那个激情燃烧的年代,感念那些"特别能吃苦、特别能战斗、特别能忍耐、特别能团结、特别能奉献"的人们。

在窑洞旁边有一片果林,里面的桃树正结着果子,毛茸茸的表皮透过阳光,晕染出一轮金色的光圈。热情的管理人员递来新摘下的桃子让我尝尝,个头不大,味道却浓郁,酸中透出鲜美的甘甜,是在城市中尝不到的桃子味。当年的建设者们在这里播下奋斗、知识、希望的种子,也与这些草木一同拔节生长、欣欣向荣,不断结出丰美的果实。

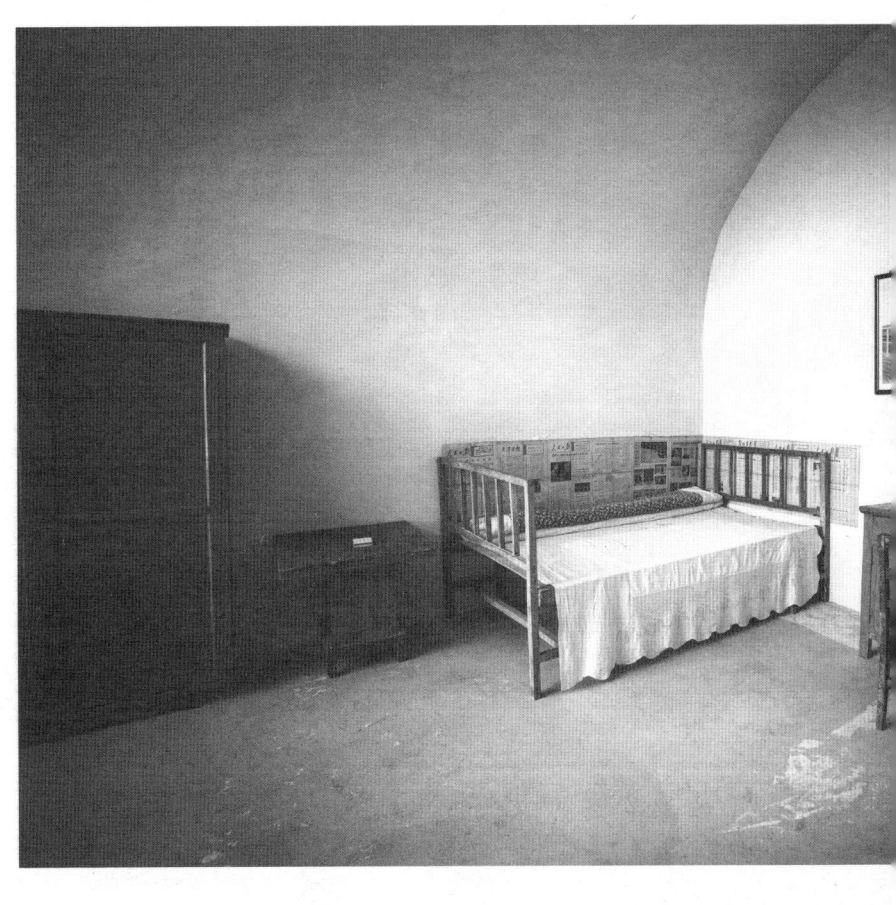

 TIPS

　　2016年10月，**林周农场**场部旧址保护工程启动，2017年得到江苏省援藏资金1500万元的支持，对留存较好的窑洞进行维修、加固和复原，并新建了文化广场、餐厅、道路、停车场等配套设施，于2019年3月28日正式对外开放。对林周农场实施有效保护和抢救，使其成为重要的文化旅游景区和爱国主义教育基地，达到了教育后人、勿忘历史的目的。

走进林周农场,
开启一场『时光之旅』
一张张老照片,
一件件老物件,
青春、汗水创造的历史,
永远都在。

夏

草原延伸至天际,远山的帐篷顶飘出炊烟,成群的牦牛悠闲踱步,就这样,让所有的美好和热情都迸发出来吧。

你的一切都是星辰

1986年,《银河英雄传说》的外传《击碎星辰之人》发表,其中一个章节的一个小标题如今成功走入公众的视野,成为人类探索宇宙的标准口号——"我们的征途是星辰大海"。

即便这句话已经被现代人频繁使用,但每次在心里默念的时候,仍然会令人深吸一口气。特别是当你在夏天入夜后,站在林周海拔4000米的田野里,让整个银河的2000亿颗星星划过你的双眼,你一定会惊叹不已。

从人类诞生起就从未停止过探索头顶这片未知的区域。可以想像南方古猿在夜深人静的时候,仰首向天,眼睛里满是星星的倒影。那里是什么地方?那里为何如此夺目?

古巴比伦人觉察出星星的周期性变化,他们以此来占卜;古代闪米特人则利用星星在夜间航海;据说鬼谷子也使用占星术,不知道跟埃及法老们比谁算得更准。直到1609年,伽利略结束了人类裸眼观星的时代;1925年,哈勃让人们知道,宇宙比我们想象中的要大得多;随后的200年,是征途的起航,第一颗卫星进入太空、阿姆斯特朗在月亮上踩下第一个脚印、第一张黑洞照片……

即便现代的观测手段已经非常先进,人们仍然热衷于用自己的双眼去观察那片浩瀚的星海,特别是在林周这样的高原地区观星,感觉会很不一样。你会发现你的听觉开始变弱,周

围人的讲话声变得模糊，稀薄空气带来的痛苦减轻了，你能清晰感觉到脉搏正在有规律地跳动。

劳伦斯·克劳斯曾经说过，你身体里的每一颗原子都来自一颗恒星的大爆炸，甚至你左手的原子和右手的原子会来自不同的恒星。简单来说，你的一切都是星辰。

很多人问，要拍出这样美丽的星空照片要准备些啥？其实很简单，选一个晴空无云的日子，找一处空旷平静的田野，最好能远远地看到恰拉山。准备一台单反相机和广角镜头，架好三脚架，等到繁星满天的时候，将相机调为手动曝光模式，光圈调到最大，感光度6400，曝光时间25秒，拍一张试试。

看星星可别看太久，否则人容易变得超然。曾经那么渴望命运的波澜，为自己的一点点小心思患得患失，原来这些在这壮丽银河之下都只是尘埃而已。不论人间那些"得不到"和"已失去"的情感有多么令人失望，宇宙总会用它独有的浪漫填满悲伤。星星们永远都在头顶上，那是上天赠予所有人的礼物，当晦暗散尽，终将星河长明。

夏日游线 Day1

菌菇采摘

林周县大学生创业菌菇基地

夏天，是菌菇快速生长的时期。高温以及湿润松软的土壤给菌菇提供了优良的生长条件。小满过后，菌菇疯狂生长，一只只贴着大地生长的小蘑菇，像极了大地的小耳朵。在当地人的指导下，可以找到最肥硕、最鲜美的"小耳朵"。如果不太了解菌菇的品种，也可以去位于林周县边交林乡的大学生食用菌基地，从市场的源头开乐，体验亲手采摘的乐趣。这份美味从摘下的那一刻就开始了倒计时，直到被食客送入口中，才算圆满。

林卡

边交林乡、江热夏乡林卡点

到了西藏才知道什么叫过林卡（露营），见过藏族同胞怎么过林卡之后，才知道什么叫享受生活。藏族同胞带着青稞酒和酥油茶，聚集到林荫密布的林卡，搭起帐篷边喝边跳，尽情地享受大自然的午后时光，偶尔还有民间艺人到此献艺，穿梭在人群中。

藏药浴

甘曲镇

藏药浴法是藏医五大外治法之一，是藏族人民通过沐浴天然温泉或药物煮熬的水汁或蒸汽，调节身心平衡，实现生命健康和疾病防治的传统方法。其中，记载藏药浴的藏医药经典著作《四部医典》，至今已有1200多年的历史。朗迈藏式健康理疗馆位于甘曲镇久荣村，占地1300㎡，拥有完善的藏式药浴、足浴、推拿、盐蒸、刮痧、针灸等康养理疗服务及养生餐饮。

油菜花海

卡孜乡、松盘乡

在高原看油菜花，感觉很不一样。天空湛蓝，很低很低，每一朵白云都厚实松软，像是棉花糖，几乎就要碰到油菜花海的远处，明艳的金黄色连着明媚的蓝色，仿佛置身在画中。

唐古旅游服务中心

平措康桑唐古店

唐古旅游服务中心是江苏援藏2020-2021年度重点扶持项目。中心紧邻热振国家森林公园，距拉萨市区约160千米；占地13亩，建筑面积3100平方米，拥有完善的餐饮住宿、游客咨询、商品展陈、小型会务等配套服务设施，后期将陆续增设野营、林卡、徒步、骑行等多元化的拓展体验项目。中心所属客房及餐饮部门特邀西藏平措康桑酒店管理有限公司参与运营维护，以完善的设施和更高的标准竭诚为各地游客提供优质的服务。

夜晚星空摄影

唐古乡

浩瀚的星空始终带着神秘的色彩，在海拔超过4000米的林周北部，让人感觉伸手便可摘星辰。墨色的天空是张巨大的幕布，星星犹如钻石点缀在上头。没有人可以拒绝这份来自大自然的馈赠，抬头仰望星空的时候，内心无比安宁。

热振国家森林公园
「唐古乡」

藏雄沟
「唐古乡」

江多村牧民家庭访问体验
「藏式午餐」

唐古乡的热振国家森林公园是夏日避暑的好去处,山上成千上万的参天古柏构成天然氧吧,也将烈日阻隔在外。热振在藏语里有"根除一切烦恼的意思",与森林公园相连的热振寺是西藏"噶当派"的第一座寺庙。炎炎夏日,在这里身心都会清凉下来。

从唐古村去往藏雄村的路是行驶于山坳之间,沿途古柏环绕,云雾缭绕,这条路也就是藏雄沟。这一路的风景就一个词,绝了!

正宗的藏式午餐,当然得去当地牧民家里吃。色彩丰富的藏饰民居,打理得极好的花花草草,屋内落座,主人端上一壶热气腾腾的酥油茶,或者奶味十足的牦牛奶,小朋友羞怯地躲在大人身后,窗外是湛蓝的天……想想就醉了。

出发前往当雄县
「纳木措-羊八井」

旁多水库自然风光带

夏季彩蛋
「平措赛马节」
(7月底8月初)

从林周北部出发，驱车两个半小时就能抵达纳木措景区，距离温泉特别有名的羊八井也只有两小时四十分钟的车程，去哪儿都很方便。

旁多水库被誉为"西藏三峡"，项目总库容达12.3亿立方米，由此形成绵延数十里的高原水库风光带。水库沿途风光秀丽，野生动物不时出没，峰回路转，水面也随着光线的变化呈现出不同色彩，是拉北环线上自驾旅行的优选线路。

驴友注意！

夏季的林周活力四射，万物生长的同时景色也到了最美的时候。不过高原之上，紫外线非常强烈，做好防晒工作是重中之重，否则极容易晒伤。另外，如果喝不惯酥油茶，那就一定要备足水。

夏日游线 Day2

这些大棚里，
藏着他们的汗水和欢笑

2020年9月，在拉萨市第三届"中国农民丰收节"上，来自林周县边交林乡大学生食用菌基地的平菇、姬菇、香菇、熊掌菇、羊肚菌、喻黄菇、鸡枞菌等新鲜菌菇以及周边产品吸引了活动现场不少嘉宾的视线。站在产品展示台后的洛桑顿珠心里有说不出的高兴，菌菇没有辜负大家的期待。

　　主修种植学的洛桑顿珠大学毕业后很快找到了适合的工作，但是当他得知家乡

们在实验和实践之间来回折腾,还邀请县里和内地的菌类种植专家来到大棚实地授课,解答他们种植过程中的疑难问题。终于,第二年的初夏,大棚传来喜讯。

"太棒了,我们终于成功了!"看着菌棒上冒出来的密密麻麻的菌菇,洛桑忍不住喊出了声。少年们拥抱在一起,黝黑的脸上嘴角扬起,眼神里有藏不住的疲惫。

基地的发展比想象中的还要快,年轻人的势头,一旦步入正轨那就是快车道。在常见菌菇的基础上,基地还开展了对草原黄金蘑菇等野菇的试验开发,充分利用高原地区夏天冷凉的气候优势,种植内地冬天才有的品种。

接下来,基地会进一步完善产业配套,打造集科研育种、生产加工、游览体验为一体的产业基地。游客不仅可以买到新鲜的菌菇产品,甚至可以体验采摘的乐趣,动动手就能收获美食,安全又美味!

出台了鼓励大学生返乡创业的各种利好政策后,洛桑没有犹豫,毅然放弃高薪工作返乡创业。

在县"双创"办的帮助下,2018年,洛桑顿珠、平措旺堆、达娃、拉姆措成立了林周县墩柱农业开发有限公司,公司设在县大学生创业基地。

没日没夜捣鼓菌棒的日子正式开始了。在闷热的菌菇大棚里,洛桑和他的小伙伴们一门心思扑在菌菇培育上,他

🌸 **TIPS**

林周县大学生食用菌基地位于林周县边交林乡现代农业示范园区内,自2018年11月以来,县委、县政府已累计投入资金300万元。目前基地拥有6个菌菇大棚、一间实验室,已形成日产菌棒1500棒,日产3000斤鲜菇的规模,食用菌成品也走进拉萨各大菜市场销售。

格局打开！这里人少景美，还能睡个好觉！

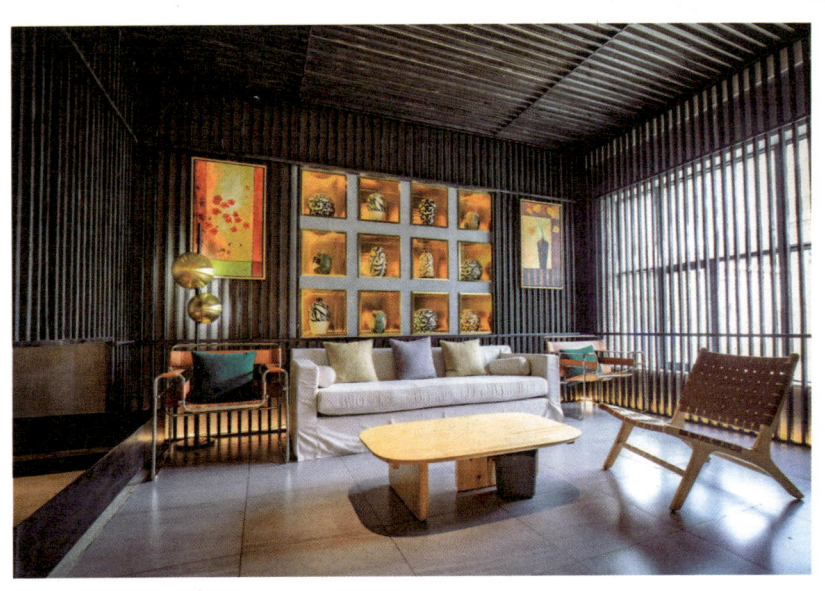

如今的旅游目的地总是喜欢挂着一个词，小众。

什么是小众，就是知道的人不多。没有层层叠叠的长队，远离乌泱泱的人群，鲜少人为开发的痕迹，一切都是无添加原生态的滋味，也就是大家常说的，人少景美野奢风。

但是小众同时也意味着，没有配套服务。除了满眼的好风景，只剩下满头的问号。饿了，有什么好吃的？困了，哪里可以休息？

自从上次进藏玩了一圈，回来以后各

路小伙伴最关心的问题都是：住得怎么样？毕竟大家都知道，西藏的景色肯定没得说，我朋友圈每次更新都是满满当当的九宫格，但是住宿就不得不存疑了。

是不是不太干净啊？有味道吗？上厕所方便吗？……七头八脑地凑过来一圈人，活脱脱一个大型灵魂拷问现场。我默默地掏出手机，打开最近的相册，双手托举、来回转身160度，给每一双疑惑的眼睛展示了一遍。

干净整洁，干湿分离，独立卫生间和淋浴，还有制氧机。怎么说呢，这大概就是应有尽有吧！

酒店属于唐古旅游服务中心的配套之一，除此之外还有餐饮、咨询、展陈和小型会务等服务设施，后期将陆续增设野营、林卡、徒步、骑行等多元化的拓展体验项目。

服务中心的地理位置绝佳，交通也超级便利，紧邻着热振国家森林公园，大果圆柏160千米，开车两个多小时就可以到达网红景点纳木措，不少驴友纷纷选择这里作为住宿点，无论是返回拉萨还是继续北上都很方便。

🍁 TIPS

如果需要订房间，可以在各平台上搜索平措康桑唐古度假酒店，因为中心所属客房及餐饮部门是特邀西藏平措康桑酒店管理有限公司参与运营维护的。附近可以打卡热振国家森林公园和旁多水库。

林周的秋天是一望无际的,满目的湛蓝天空和金黄草甸,微风起,秋色渐浓。

秋

快看！这片神秘树林火得很

到林周已经第4天了，我连看4天大山大川和大树，终归引起了审美疲劳，但当我遇见这片杨树林的时候，惊喜真的不止一点点。

到这片杨树林来并不容易。导航显示这片树林叫"神秘森林"，这算什么名字。我们对着边交林乡的藏族向导连比画带解释了半天，心力交瘁的小伙伴嘟哝啦了句："不是网红打卡点吗，怎么这么难找。"听见"网红"两个字的向导触电似的激动起来："你们说的原来是那片树林啊！我知道了，我带你们去！"

20分钟后，越野车停在了一大片金黄色的林地里。放眼望去，成片的金黄色间有星星点点的黑色，那是悠闲吃草的牦牛群。有几只小牦牛听见人声，憨憨地抬起头，也不怕人，只是小小地"哞"一声，又憨憨地低下头吃它的草。

正值秋天，整个杨树林黄得肆无忌惮，生怕别人不知道似的明媚。 无边无际的黄色仿佛有生命力似的，这黄的层次还不同，深黄、浅黄、鹅黄、柠檬黄，间或夹着一点点绿意，总之你能想到的所有黄色都能在这片林子里找到。深浅交错的黄色背景下，黑色牦牛尾巴上绑着的各色布条在晨光里招展。不得不说，大自然才是最具鬼才的设计师，这种撞色、这种视觉冲击，非亲临现场不能体会。

我自然而然地想起屠格涅夫《猎人日记》里的最后一章："在秋天，早晨严寒而白天明朗微寒的日子里，那时候白桦树仿佛神话里的树木一般全部做金黄色，优美地显出在淡蓝色的天空中。"

"哇，这也太美了吧！"显然，被惊艳到的不只我一人。小伙伴激动地下车放飞了他的航拍无人机。

等小伙伴航拍的时间里，我忍不住与向导聊了起来。向导说，这片林子在当地很有名，夏天的时候，附近的村民都喜欢跑到这片林子来过林卡，带壶甜茶，炒两个菜，可以待上整整一天。

我当即兴奋地做起了白日梦，高原上的夏天并不很热，那时树叶还是绿的，几百棵杨树连成一片遮天蔽日的浓荫，能在树下休憩嬉戏该有多舒坦。除了憨憨的小牦牛，说不定还有兔子，还有小鹿，还有小红帽和神奇的树洞……

🍁 TIPS

网红杨树林在边交林乡当杰村，想去的话可以向当地人打听"帕热林"。整个树林占地超过33万平方米，种的全是北京杨，是当地农牧民群众和拉萨市民过林卡的首选地，夏天几乎每棵树下都有一户人家，还有人专门从拉萨赶来这里过林卡。

Day1

网红小树林
（边交林乡）

拉萨河边的边交林乡是进入林周的第一站，提到边交林就不得不提这片神秘树林，它没有名字，打开手机导航，竟然被标称为"神秘森林"。这种气氛太诱人了！找一个秋天晴朗的日子去，是最佳选择。整片杨树林让人心醉，深黄、浅黄、鹅黄、柠檬黄，每一种黄都在炫耀自己的天生丽质。

沿途欣赏秋季美景
（江热夏乡—甘曲镇—卡孜乡—强嘎乡）

秋天，也是林周丰收的季节。村民们一大早就灌上一壶酥油茶，带上些糌粑，一头扎进金黄的麦浪里。麦浪翻涌的田野，悠然自得的牦牛，柔软轻盈的云朵，这景象远远望去就像是一幅油画。

切玛沟林卡午餐
（强嘎乡）

过林卡并没有什么讲究，随便一处树林或者装备完善的私人林卡都可以，最重要的就是吃好喝好，玩得开心。强嘎乡切玛沟是个过林卡的好地方，可以在这里解决午餐和午休，一举两得。

林周第一杨

（松盘乡）

这是松盘乡拉木村最大、最老的一棵树，是村里的圣树，叫作"塔娃"。就连村里最年长的阿婆贡桑也不知道这棵树到底有多大，只知道这是儿时玩耍的地方。每到收青稞的时候，"塔娃"一半儿翠绿，一半儿金黄，细碎的阳光穿过层层树叶，落下斑驳光影。这里常有驴友慕名前来，往往都会留下一句，"如果有来生，我也愿意做一棵树。"

唐古旅游服务中心

（住宿）

夏季线路里也推荐过哦，绝对是林周北部最舒服的住宿点，交通便利，配套齐全，选它！

Day 2

热振国家森林公园

传说这里本是一座秃山，松赞干布在此洒下希望的种子，成千上万的柏树拔地而起。这片古柏是西藏为数不多的老龄森林，其中最古老的树距今已有800多年的历史。

旁多水库

见过旁多水库你就会感叹，人造景观在大山大河面前也毫不逊色。工程总工期6年，斥资45.75亿元，终于建成以灌溉、发电为主，兼顾防洪和供水的旁多水利枢纽工程。水库的风景很美，站在堤坝上眺望广阔的水面和远处连绵的山脉，令人十分震撼。

远眺恰拉山

（狮林寺）

狮林寺位于旁多乡，因后山外形如狮，故得名狮林，即为狮子林之意。从狮林寺可以远眺五千三百米海拔的恰拉山，也是拍照取景的好地方。

往墨竹方向 离开林周县

沿着旁多乡、阿朗乡一路往东南方向，经过山川秀丽、河水清澈的拉康村，一个半小时左右的车程就能抵达墨竹工卡县。墨竹工卡县境内河谷环绕，草原广布，有松赞干布出生地甲玛景区、德仲温泉、日多温泉以及思金神湖等打卡地。

秋日彩蛋 望果节

望果节通常是在7、8月份，"望"指的是庄稼，"果"就是转圈的意思，望果节是藏族同胞期盼、庆祝丰收的节日。参加望果节可一定得赶早，当地藏民会穿上盛装，抬着用青稞、麦穗编成的"丰收塔"，举着彩旗活动在田间地垄，还有赛马、射箭、演戏、唱歌、跳舞等群体活动，当然也少不了献哈达和洒青稞酒，头一次来的朋友可别害羞，加入他们的队伍，当地人会热情地邀请同享"百家餐"，感受丰收的喜悦。

冬

如果说夏天的西藏属于游客,那冬天的西藏,才是真正的西藏。

别小看鸟儿的爱情，你可能比不上

十月未央，林周的清晨却已寒意逼人，北部的群山就像暗红色的巨人，在晨辉下熠熠发光，此刻卡孜水库波澜不惊，喧闹的野鸭也在享受片刻的宁静，不远处的牦牛如顽石一般，轻易不动一下。

忽然间，动物们乱作一团，成群的野鸭拍打着翅膀冲破镜面般的湖面，远处山头上鹤群结队飞过，鹤唳声宛如冲锋的集结号，黑白色的庞大身躯就像俯冲的战斗机群从天而降，就连牦牛都不再淡定。它们是藏族传说中格萨尔王的牧马者，它们是高原上唯一的鹤——黑颈鹤。

直到1876年，黑颈鹤才第一次被鸟类学界发现，它们是世界上体型最大的鹤，唯一生活在高原上的鹤，世界上最晚被命名的鹤，也是我国一级保护动物和全球性

濒危鸟类。

想欣赏黑颈鹤聚集生息的壮景？就到林周县来吧。

林周北部属于拉萨河上游及源头区域，南部则属于拉萨河支流澎波河流域。这里平均海拔3860米，谷地开阔、水量充沛，每年10月中旬至11月初，黑颈鹤都会陆续迁徙到这里越冬，最佳观鸟地点自然是卡孜水库和虎头山水库。

藏族有一句俗语：人的痛苦最长是一年，鸟的痛苦是一辈子。意思是如果亲人去世，人类伤心的时间与其寿命相比很短，而鸟的伤心却会伴随其一生。

忠贞的爱情常常被传为佳话，而在黑颈鹤的族群里，爱

就是一辈子，这是天经地义的事情。一旦结为夫妻，它们就会共筑爱巢、孵化结晶、终身相伴、忠贞不渝。

传说有一个远嫁他乡的藏族姑娘捡到了一只受伤的雌黑颈鹤，眼看迁徙的时间到了，雌鹤却因为伤势过重无法飞回越冬地，只得哀鸣着与雄鹤告别。姑娘日夜守候在雌鹤的身旁，期盼着它再次振翅高飞，但它受伤严重的翅膀再也无法打开。冬去春来，黑颈鹤群再次出现在湖面上，雌鹤终于盼到了只属于它的那只雄鹤。当雄鹤降落之时，它们的双颈紧紧缠绕在一起，相互依偎，一起鸣叫，不久后便双双失去了声息。藏族姑娘伤心不已，将它们葬在了一起。对黑颈鹤来说，一辈子在一起比什么都重要。

TIPS

黑颈鹤是大型飞行涉禽，全身灰白，头部及颈的上部为黑色，头顶前方裸区呈暗红色，阳光下极其鲜艳，特别是到求偶期更会膨胀起来。黑颈鹤与丹顶鹤非常相似，但丹顶鹤头部后侧和体羽均为白色，体型上略小于黑颈鹤。

林周县于1993年成立了黑颈鹤自然保护区，面积约1010平方千米。每年10月底至11月初都有上千只黑颈鹤迁飞到林周越冬栖息。

黑颈鹤(非)官方资料卡

姓：黑
名：颈鹤
爱好：旅游
优点：太多

说说你的优点和缺点吧

颜值高，好多人都说我们长得像丹顶鹤，优雅、高挑！但我们还是有一些区别，**后脑勺不一样**。

智商高，我们每次行动都是有组织、有计划的，安全意识极高！每次飞到越冬地的时候，我们都会一直在空中盘旋，直到确认安全才会降落。居然有人说我们胆小，我在这里必须声明，这叫警惕性强！！！！

最厉害的一点就是身体倍儿棒，毕竟我们**是世界上唯一生长、繁衍在高原的鹤**，骄傲！guo-guo-guo！

缺点嘛，**<u>这个比较难说，我们还是挺完美的。</u>** 实在要找缺点就是急脾气，一出生就喜欢"打架斗殴"，所以我们小时候出生3天内的成活率一般只有60%……

说说你去过的地方吧，最喜欢哪里

我们喜欢到处打卡，每个季节都会换地方，青海、四川、甘肃、新疆、云南、贵州……都去过。**<u>最喜欢的地方，当然是林周了，还有比拉萨后花园更舒服的地方吗？</u>** 这里的人对我们很好，每次都会在田地里留一些食物给我们越冬。而且这里的牛大哥也很友好，我们经常会一起玩。

等春天来了，我们就会离开林周，沿着当雄、那曲班戈飞往申扎，在那里生儿育女，这样下一个冬天我们回到林周的队伍就更加壮大啦！guo-guo-guo！

```
┌─────────────────┐
│ 斑头雁、黄鸭、   │
│ 赤麻鸭等越冬     │                    ┌──────┐
│ 水鸟拍摄         │                    │ 藏    │
└────────┬────────┘                    │ 式    │         ┌──────────┐
         │                              │ 茶    │         │ 白天黑颈鹤│
         │                              │ 馆    │         │ 拍摄     │
         │                              └───┬──┘         └─────┬────┘
┌────────┴────────┐                         │                  │
│ 边交林乡、江热夏乡│                  ┌─────┴──┐               │
└─────────────────┘                  │ 甘曲镇 │         ┌──────┴──────────────┐
                                      └────────┘         │ 卡孜乡、松盘乡、春堆乡农田│
                                                         └─────────────────────┘
```

每年11月到次年3月，大批候鸟从藏北地区的湖泊湿地，来到林周越冬。干净的水域，充沛的植被，吸引了大批鸟类来此越冬。在江热夏乡，斑嘴鸭、赤麻鸭、斑头雁、绿翅鸭、绿头鸭和普通秋沙鸭等十几种水禽在此休憩觅食，景象甚是壮观。

冬天还有什么能比一杯酥油茶更能慰藉身心的呢？擦荣茶馆是甘曲镇历史最为悠久的茶馆之一，出售的酥油茶和甜茶不仅味道正宗，价格也很公道——大壶10元，小壶8元，点上一壶茶，晒晒太阳就能消磨大半日的光景。鼓起勇气跟老茶客们聊聊天吧，茶馆里从来不缺烟火气。

冬天一定要来林周看黑颈鹤。黑颈鹤是世界上唯一一种生长、繁殖在高原的鹤，珍稀程度堪比国宝大熊猫。每年十月中旬至十一月初，黑颈鹤都会陆续迁徙到林周越冬，是观鸟的最佳时节。白天黑颈鹤一般在田野间觅食，吃吃谷粒，逗逗牦牛，一幅田园好风光。

林周县城投诺桑林酒店入住

酒店位于林周县政府附近,于2018年开业,是几个林周小年轻大学毕业后合资创办的。目前,酒店有客房13间,配备豪华包厢、多功能会议室、茶园等,还可以品尝到美味的新式藏餐。

林周农场

林周农场,又名林周县党员党性教育基地,2021年4月被确定为第四批全国关心下一代党史国史教育基地。一张张老照片、一个个老物件,瞬间把你拉回到那个热血沸腾的场景。参观完可以直接在这里用餐哦!

傍晚黑颈鹤拍摄

虎头山水库、卡孜水库

到了傍晚,黑颈鹤就会回到水库边,所以如果想在水库拍摄,那么最佳的拍摄时间是傍晚以及清晨(没错,只要你比鸟起得早,你就可以拍到它)。建议大家先拍傍晚,然后在附近住一晚,第二天起个早再来拍一趟。相信我,一定会满载而归的。

冬日游线

林卡

我想出发,
去林间漫步,
去星空探路,
把经幡挂上高高的枝条,
叼一支狗尾巴草陷进柔软又扎人的草堆。
我想,
我要站在最好的风景里。

多待一会儿吧，
这便是最好的时光

　　在林周的草原上漫步时，我总是很想就这样躺下去，躺在厚密柔软的草地上。风经过，吹起阵阵草浪，夹杂着青涩的植物清香。早晨正是阳光适宜的时候，睁眼便是广阔而无止境的蓝，大团大团的白云蹲在远处，像是手感极好的猫。

　　"这也太舒服了吧！"我情不自禁地仰天长啸，"要是再来点吃的就更好了！"向

导听完一个劲儿地点头说，你怎么知道，这里确实是过林卡的好地方。

林卡，一听便知是个藏语词，汉语译为园林。过林卡，便是去到像园林一样好风光的地方，做一些让人心情愉悦的事情，比如喝酒、聚餐、唱歌跳舞、睡觉打牌。过林卡约等于我们的露营，一样的彩色的帐篷，一样的美食、美酒，一样的狐朋狗友，之所以说"约等于"，主要"约"在我们不太会跳舞。

向导说现在生活条件好了，大家都会选择设施更完善的私人林卡，相比于空荡荡的野外，那里有扎好的帐篷和堆好的火把，还会提供烧烤和饮料，游客只需要拖家带口拎包入场即可。看来林周人民对于露营的要求还是挺高的，毕竟在我等"打工人"眼里，林周的角角落落都是露营野餐的好地方，随处歇脚的景致都比我提前一周做好攻略、早起驱车半小时、抢位置搞来的那片公路附近的草地要好上不知道多少倍。厚墩墩的草皮，再加上这蓝得一塌糊涂的、比水晶还清亮的天，要是在城市里，一定会"炒"成网红景点——还是不接受网上预约、只能现场排队叫号入场的那种。

可偏偏，这里万物可爱又羞怯，你夸它一句，它恨不得立马就红了脸，羞羞地把头低下去，嘴巴抿成开心又惊慌的模样。所以，还是用它最熟悉、最懂得的方式来表达吧，放松地坐下来、躺下去，把意识交给一缕微风，把身体交给这片林卡，多待一会儿吧，这便是最好的时光了。

🏕️ **TIPS**

过林卡并没有过多的限制，随便一处树林或者装备完善的私人林卡都可以，怎么舒服怎么来。过林卡推荐地：边交林乡的色康寺度假村、祥卓度假村，甘曲镇的鲁木杰度假村、江角村度假村、佳寨林卡、次烟林卡、玉夏格旦度假园、麦那扶贫度假村、金色林卡，卡孜乡的惹嘎洛强度假村、松盘乡的囊庆林卡和唐古乡的恰扎度假村。

那大抵就是我想你时的模样

其实在林周,柳树随处可见,但最有特色的还是要数"左旋柳"。柳如其名,它从根部由左向上旋转生长,主干扭得像麻花一样。至于"左旋柳"这个名字的由来,据说与我们家喻户晓的文成公主有关。

相传,西藏原无柳树,文成公主到达拉萨后,将灞桥别离时皇后所赐柳枝亲手植于大昭寺周围。自此,柳树就把根深深扎进了高原,而这段流传千古的和亲佳话,不仅揭开了汉藏民族关系的新篇章,还给这里带来了医药、纺织、历算、造纸、制陶等技艺。文成公主就像一道光,照亮了整个雪域。

灞桥一别,年仅16岁的文成知道,那个远在长安的家,自己再也回不去了,生别亦是死别。每日清晨,她都会朝着家乡的方向望去,思念着远方的亲人。久而久之,她栽下的柳树也开始陪着她回首东望。一年、十年、百年、千年……树干开始慢慢向左旋,是思乡的心,让它转成了现在这副模样。与其他婀娜多姿的柳树相比,左旋柳不仅有细腻优雅的枝叶,还有着粗犷的躯干,在我看来,这个样子的她,像极了我心中那位有大爱的和亲公主,美丽、智慧却又坚韧、勇敢。

岁月的长河慢慢流淌,或许,我们再也无法还原那段万里和亲路上的动人细节,但大昭寺门口,文成公主亲手栽下的"公主柳"犹在,它见证着"唐蕃会盟碑"上藏汉两种文字历经千年,至今仍然清晰。

 TIPS

关于**左旋柳**为什么会向左旋转,应该和它生长的气候环境的变化有关,但对其形成原因,目前尚无定论。

如果有来生,要做一棵树

> **TIPS**
> 其实,只要随意走走,林周到处都是绝美的风景。边交林乡这处**细叶红柳林**的妙处在于长在河中央,它的颜色也很丰富,有红、有黄、有绿,和蓝天白云同框,随手一拍就是大片。与不远处的网红黄树林比,这里更小众,也更清静。

"如果有来生,要做一棵树,站成永恒。没有悲欢的姿势,一半在尘土里安详,一半在风里飞扬;一半洒落荫凉,一半沐浴阳光。非常沉默、非常骄傲。从不依靠、从不寻找……"

当这片细叶红柳林突然闯进我的视线,我的脑海里浮现的就是三毛的这首《如果有来生》。其实在林周,并没有严格意义上的景点,所到之处皆有迷人的景色、美丽的传说,有动人的笑容、可口的美食,有一望无垠的山、河、湖……就是没有让人"肉痛"的门票。像这趟旅行,我们明明是为了铁贡石刻去的,却没想到邂逅了这片秘境。

边交林乡的公路路况很好,我们在"郭德纲的指导"(指语音导航)下,上山下坡,左左右右,路上还有成群的牦牛相伴,看看它们不紧不慢、悠哉悠哉的样子,让我们惬意了不少。就在老郭提示我们目的地就在前方时,这成片的细叶红柳林就"唰"地出现了。脚下是静静流淌的拉萨河,远处是大团大团的红柳。树下,青草幽幽,一只不合群的牦牛趴在水力转轻筒边一动不动,那一刻,时间、空气,甚至连风都静止了,只有不太炙热的阳光依旧打在我们身上。

如果可以,真想永远这样,安静又美好。

没有什么比在遗迹里
进行一场推理更有趣了

"华生你看,这种砖石结构乍看之下显得粗糙,但不难发现,石块在堆砌时明显进行过切割和组合,比同时期的泥土建筑要高贵得多,多层的结构彰显主人的地位,最重要的是,西南那间屋肯定是个佣人房,这里的主人说不定是哪位大领主呢。"

显然这就是那对世界著名搭档——夏洛克·福尔摩斯和约翰·H·华生,不要惊讶为什么被称为"从来没有存在过"的男人会站在西藏林周县的一处遗迹前;再看看正躺在灰绿格子野餐垫上享受初冬暖阳的人,但即便是躺着,他也不忘梳理笔直工整的八字胡,并且保持全身一尘不染。

还有赫尔克里·波洛和江户川柯南。好吧!让我们看看还有谁能让事情更加离奇。波洛走进废弃的旧屋,他的关注点显然在华丽雕琢的木梁以及依稀可辨的壁画图案上。"天哪,这绝对是一户贵族,你甚至能还原出主人平时会坐在正中靠里的毡子上,仆人从厨房端出浅黄色的酥油,佐以食盐,再注入熬煮的浓茶汁,用木柄反复捣拌,使酥油与茶汁'溶'为一体,这是不同于英式伯爵的另一番风味啊。"相比之下,"万年小学生"似乎对屋外的那片杨树林更感兴趣,即便时间已近中午,但阳光依然保持着一定的倾斜角度,光线穿过树丛形成道道光柱,地面上堆积的枯叶就像天然的卡垫,每个角度都呈现不同的花纹。

这里是林周县边交林乡卡优村曾嘎麦组的赤门庄园遗址,这里的历史我们已经无法得知,曾经住过何等显赫之人也无从查起,但这里的一草一木、一砖一瓦却已经静静地存在了上百年。名侦探们的聚会是存在于我脑海中的头脑风暴,如果你有机会走进林周县卡优村,不妨也到赤门庄园来看一看,当一回名侦探,做出自己的推理。

TIPS

赤门庄园位于林周县边交林乡卡优村曾嘎麦组。

我们看风景,也成了风景

　　男人的一生一定要自驾去一次西藏,那里是离天堂最近的地方。

　　很早以前,西藏自驾是探险家的专属。随着技术水平与经济水平的提升,越来越多的户外爱好者开始涉足这片土地。进藏车辆的种类也从越野车开始延伸到房车、SUV、家庭轿车,甚至电动汽车。当然,后者我是不推荐小白用户去体验的。虽说门槛在降低,但多变的自然环境以及有待进一步完善的基础设施还存在发生意外的风险。

　　与早就名声在外的318国道、317国道相比,林周的这些公路只能算是小小的支线。你不必特意为它们去一次西藏,但如果想标新立异,寻求点新的刺激,那来林周吧!

　　我们是在8月去的林周,温度适宜,不冷不热,通往旁多乡的公路还没修好,一路颠簸,一路扬尘。

　　车子从林周县城出发,出城的时候藏族老乡正在收割青稞,举起手机拍了几张。一起出行的当地朋友说,要拍赶快拍,再往北边走成片的青稞地就少了。

　　从地形上看,西藏地区被三条山脉分成了两部分,林周县北部的三个乡就处在中间分界线的边缘,因此越往北走,海拔越高,山势越险要,自然适合种植的土地也越少。但是,这带来了另一番景致:高原牧场。

　　一路向北,越来越多的牦牛出现在车窗里,它们或在山坡上惬意地晒着太阳,或在道路中间旁若无人地踱步。山腰上,零星散落着的民居里飘出缕缕炊烟。在游客眼中,这是一幅绝美的高原生态图。

　　而车子在盘山公路上来回穿行,只是这幅图景的视角属于牦牛。

　　我们在车里看风景,也成了高原的一景。

TIPS

　　拉萨有一条经典线路——"拉北环线",环线自拉萨向西,出堆龙德庆,取道曲水,路过尼木,转而向北,行至当雄,再向东南,走林周、墨竹,经过达孜,终归拉萨,这是户外爱好者最不能错过的一条黄金旅游线。

　　对于初次进藏的户外爱好者而言,西藏自驾有许多功课要做。车辆的状况、需要准备的装备、补给点分布在哪些地方、线路上的安全注意事项……在传媒如此发达的今天,这些资料都能很容易地在网上找到。当然,带上一个经验丰富的老司机,组团出行是理想的选择。

我的梦里没有星辰

这是一场突如其来的相遇。聚的匆忙，散的决绝，就如同从树上飘落的叶子，随着风在天空中划出美丽的弧线，还未落到地面，就被吹散，不留一点痕迹。

强嘎乡的海拔有4300多米，深夜里，山谷的风在身边呼啸，仿佛从历史的尽头吹来，能把身体打散。趁着太阳落下前的那点光亮，我把身体沉进眼前热腾腾的水中。闭上眼，耳边只传来泉水轻轻拍打转经筒发出的吱吱声。

不知过了多久，睁开眼时，眼前已漆黑一片，而头顶的碧蓝夜空早已缀满繁星，让人忍不住想伸手触摸。这是我头一次如此清晰地看到银河，美得恍惚。身体的温度一点一点地上升，暖意逐渐蔓延开来，思绪也飘散。

我喜欢风吹过脸颊的刺痛，我亦喜欢身体被包裹的温暖。好比这夜深在山谷的汤池，那凌厉的风提醒着你，这山巅的海拔和温度，那热气腾腾的泉水却又把身心温暖。空无一人的周遭，头脑和眼睛能够同样从容，可以想你愿意去想的任何人、事，可以仰望你看得见的每一寸星空。

大一那年，王家卫的《花样年华》刚刚上映。电影赏析课上，老师一帧帧地给我们解读。我说我不懂，明明是彼此喜欢的，明明是有对方号码的，明明是知道对方在哪里的，为什么不去找对方，为什么不打电话，为什么不能在一起。老师没有回答，他说，你运气真好。电影没有看懂，老师的话，我也没有听懂。

15年了，每到元旦，我总会收到一条祝福短信：新年快乐，扎西德勒。我从未回复，也从未试图回拨那个电话，但我亦没有勇气按下"删除"。我把脸埋进水里，任由泪水流淌。脑海中不断浮现电影里张曼玉的那句对白："我们不会像他们那样。"

🏕 TIPS

切玛沟温泉 位于林周强嘎乡，完全未开发，但在当地还算有名。自驾到切玛沟村委会后，需要找人给你带路。别担心，藏族人民很热心，我们去的时候，一位年长的扎西一路送我们上山。温泉周围也没有任何设施。据说，这个温泉治疗鼻炎有奇效。当地人泡温泉，女人们一般穿着长衣长裤，男人们则穿着短裤。

每寸肌肤
都找到了最舒服的呼吸方式

一生风流的大文豪海明威曾在《太阳照常升起》里说过:"在白天对什么都不动感情是极为容易的,但是在夜晚却是另外一回事了。"当时年少的我不理解藏在这句话背后蕴藏的悲伤和无助。

直到手机信号都被望不到尽头的盘山公路绕得迷了路,还没见到"传说中"的温泉时,我才恍然大悟。

故事的开始源于藏族小哥洛桑深夜发来的几张照片:幽幽深谷、嶙峋怪石、缓缓流淌的清泉、山腰间成群的岩羊……还有一个由不得你拒绝的邀约:春堆有温泉,明天去看看吧!

毕竟,越是安寂祥和的夜晚,人越是容易伤感,伤感往往伴随感性,感性又不免冲动。说得现实一些,就是人类长期积累的精神压力,最容易在被窝独处的时候迸发,做出情感战胜理智的冒险决策。

在西藏看山看水不稀奇,能顶着"高反"爬上海拔4200米的地方泡温泉,这份自信足够发个朋友圈吹嘘一番了。

泉水自山沟内倾泻而下,峰回路转,在沟内各处天然形成潭潭池水,与周围奇山异石相映成趣。身体接触到水的瞬间,仿佛通电一般,像是婴儿回到了母亲的怀抱,每寸皮肤、每个毛孔都找到了最舒服的呼吸方式。

你只想沉下去,完全地沉下去,沉浸在时间的无涯荒野里。

在纷繁冗杂的现代社会生活久了,人还是得回到大自然里治疗一下。这"回家"的诱惑,哪个人抵得住啊?

 TIPS

春堆温泉也被称为彭江药山温泉,除了原生态的自然风光,还有一处在2010年被列为第三次全国文物普查新发现文物——麦扎孔摩崖文字,上面凿刻了药草名称的碑文,相传碑文内容为彭江区域山谷中生长的珍贵药材品种及生长位置。因翻过彭江药山往西便是藏医始祖宇妥宁玛·云丹贡布的故居,后人推测摩崖文字为宇妥宁玛·云丹贡布时期所刻。

西藏在我的保温杯上留下了一个"吻"。

有一晚房间没有热水,我带着保温杯去一楼的餐厅舀。盛热水的盆连接着一段方正的金属管,舀水时我随手把保温杯的盖子放到了金属管上,等反应过来,塑料材质的盖子杯嘴位置已经熔掉了一小块。杯子没舍得扔,一直用着。所以现在只要喝水,就会想到西藏,想到林周,想到湛蓝的天空、清澈的湖水,以及牦牛舒展放松的眼神。

一说到牦牛,就又会想到铁索桥。

西藏的牦牛好像都很懒散,不怕车也不怕人,在坡地上晒太阳一个姿势可以保持半天,在马路上不管后面有没有车都走得十分悠闲。粗看所有牦牛都是一样,细看每头都各有特色,这头牛角上拴了朵花,那头身上涂了个色块——据说这是为了方便主人区分自家的牛,以免弄丢。

那天刚采访完达龙藏戏,我坐在越野车里任由司机带着我们驰骋在乡间的小道上,心还沉浸在戏里。突然,司机一脚刹车停了下来,说是要带我们看一座和藏戏颇有渊源的铁索桥。

下车以后,第一眼见到的不是挂满了经幡的铁索桥,而是一头站在桥头花里胡哨的牦牛。在这之前,虽然每天都能看到牦牛,但距离如此之近还是头一回。牦牛眼睛大,加上人家"目中无人",气场强大得很,挡路挡得心安理得。牦牛欺生,当地人跟它说了几句话,它才肯慢慢吞吞挪动位置。

眼前的铁索桥是当地较为古老的一座,据说建造的时候没有经费,是唐东杰布带领大家演出藏戏,演出募得的钱如数用来造桥。不知道当年桥造好以后,第一次踏上桥的居民是什么心情,桥两头的居民在桥中央相会时会不会喜极而泣。

铁索桥上的经幡承载了大家的美好祝愿,随风扬起,绚烂多彩。桥下湍急的水流击打着石头,飞溅出浪花。披着藏族元素花纹披肩的姑娘在桥中央站定,岸边的同事眼疾手快地举起相机,定格了瞬间。我还年轻,还没有去过巴黎,所以并不知道"如果你年轻时候住过巴黎,巴黎将会伴随你一生"这样的说法是否有道理。在我去过的地方当中,西藏林周是当属最令我印象深刻的地方之一,以至于在离开了很久以后,还时不时想到它,翻看手机里的照片,仍会有初见时的感动。若干年后,哪怕已经忘了年少时的梦想,也会记得站在铁索桥上飒爽的模样吧!

🛈 TIPS

唐东杰布大师(1385—1464),藏戏创始人,15世纪以建筑铁索桥而闻名。相传,唐东杰布在西藏以组织并演唱藏戏作为集资的重要手段,在西藏共建造100多座铁索桥。因此,唐东杰布受到藏族人民的无比敬仰,许多寺院都供有唐东杰布的塑像和唐卡像。

若是夜晚来，万亩花海连星海

在所有的花卉中，油菜花是最被低估的一种。关于这一点，从名字上就能看出来，不然，你看看那些玫瑰、海棠、鸢尾、百合，哪一个不是只听听名字就觉得香气袭人？

单支的油菜花，看起来并没有那么惊艳：小小的花瓣、细细的蕊，难免呈现一种弱不禁风的气质。若是把单支的油菜花放在单支的牡丹旁边，且不说牡丹，就是月季吧，也难免会黯然失色。油菜花自己或许也意识到了这一点，所以她从不独行，而是早早地学会了抱团取暖，和姐姐妹妹们一大片一大片地连在一起。前来欣赏之人放眼望去，满目皆是金黄，这才能觉出她的美来，才能得到赏花的乐趣。

提到赏油菜花，很多人首先会想到婺源。殊不知，绽放在林周大地上的万亩油菜花田，比起大名鼎鼎的婺源油菜花来，也毫不逊色。

和婺源不同，林周的油菜花远离了田园秀丽之气，傲然挺立在高原之上，仿佛

从一个弱不禁风的农家小女儿摇身一变成了在马背上纵情高歌的草原女子。

试想一下，置身于连绵不绝的油菜花田，头顶着白云蓝天，与不远处的巍峨青山相对而立，是不是浑身上下都散发着独立不迁的飒然气象？

我忽然想到了金庸笔下的黄衫女子，没人知道她的身世，她却能在关键的时候出现在众人眼前，让人惊艳且回味无穷。如今，她功成身退，来到这无人打扰的高山之巅，兀自盛放着耀眼芳华。

行走在林周的油菜花田，清香阵阵传来，蜂飞蝶舞，我不由感叹，油菜花简直是造物主的恩赐：生得如此可喜，有观赏价值，籽能榨油、根茎可食，真正是浑身上下都是宝。

若是夜晚来，这万亩油菜花田便成了最好的幕布。此时当寻一僻静处，静静躺下来，看"满船清梦压星河"的瑰丽景象。在这星河之下，又藏着繁星点点，一层叠一层，美到窒息。再侧眼望去，看万亩花海与星海相连，醉眼迷离间，仿佛星河缓缓倒垂了下来，一点一点地，飘入眼帘。

TIPS

林周县素有"拉萨后花园"的美誉。近年来，林周县以农业观光游项目发展作为旅游开发重点，举办油菜花节是林周旅游业发展迈出的新步伐，也是打造拉萨旅游北环线的亮点工程之一。如今，林周县油菜种植面积近万亩，卡孜乡油菜已形成连片种植，成为网红打卡地。

给夏天埋一个彩蛋吧

下午五点多,太阳丝毫没有要往西边落的意思,我们按计划在林周南部停车休整。下车后,男生扎帐篷、拾柴火、找水源……包揽全部脏活、累活,女生则只有一个任务,搞吃的。

正愁泡面告急,有几个身着藏族服饰的小男孩背着竹篓经过,竹篓里满满当当装着什么,吸引了我们的注意。大概是对我们三辆大越野车的阵仗好奇,没等我们喊,他们倒是先停了下来。直觉告诉我竹篓里一定有什么好东西,我忍不住小跑了几步,立马有些喘了。小男孩看我们心急又笨重的样子有些莫名其妙,其中一个年龄大一点的男孩用有些生硬的普通话问我们"有事吗",我指了指他的竹篓,他"噢"了一声,伸手在篓里抓了一把。

"是蘑菇!""高反"也阻挡不了我激动的音量,大家的视线纷纷从后备厢所剩无几的泡面桶上离开,聚焦到那几个竹篓里。不得不说,加了蘑菇的泡面汤是那晚的灵魂之作,慰藉了每一个被"高反"折腾得头昏脑胀的人。

第二天一早,我们并不急着装车,而是向身后的小树林进发。昨晚买蘑菇的时候,顺便问了哪里可以采,就当是此行的彩蛋吧。按小男孩的说法,前几天林周刚下过雨,正是采蘑菇的好时机。大家缓步在树林里穿行,果然发现了不少野生菌,一株株肥硕的小伞躲在树下,虽然沾着些泥土,但依然能让人忆起昨晚的鲜香。一把握住根部,蘑菇特殊的柔软又蓬松的手感让人不敢十分使劲,只能慢慢地向上拔,周围的土壤渐渐松动,完全拔出后则会留下一个小圆坑,着实可爱。当地的野生菌品种不少,不过我们出于安全考虑只采了昨晚吃的草菇,因为它的长相朴实不花哨,像是颜色淡一些的香菇,让人很有安全感。

手里的布袋越来越鼓,我们也就心满意足地收手了。装车上路,正片继续,期待下一个彩蛋吧!

> **TIPS**
> 　　西藏有句老话,"小满三天,红牛肝"。小满节令前,野生菌几乎毫无踪影,但只要过完小满,野生菌便会像雨后春笋一样冒出来。野生菌品种很多,形状也各异,散发着浓郁的特殊香气。采摘的时候最好问一下当地的村民,他们会告诉你哪些蘑菇可以食用,安全第一哦!

温柔暮霭里,一人一树站成了永恒

这是一棵很大很大的杨树,粗壮的树干需要好几个成年人伸长了手臂才能围抱过来,巨大的树冠遮天蔽日,细碎的阳光穿透层层叠叠的树叶落下斑驳的光影。贡桑已经记不清这是她第几次凝视这棵杨树了。

它是拉木村最大最老的一棵树,是村里的圣树,村民叫它"塔娃"。他们相信塔娃就是存在于这方土地的神明,始终庇佑着这个小小的村落。而贡桑,是整个拉木村离圣树最近的人,她就住在圣树脚下的一座小房子里。

贡桑今年77岁,她不知道塔娃具体的年纪,但是从她记事起,塔娃就站在那里了。拉木村的村民是禁止在圣树周边游玩嬉戏的,但可能因为住得近,贡桑从小就对这棵树有着别样的情愫,她把塔娃当作自己为数不多的朋友之一,她觉得她们会一直在一起。

当年的贡桑还是活泼好动的年纪,哪里按捺得住自己的好奇心,她瞒着父母去看塔娃,小手摸着树干,述说着自己的小小心事,风吹叶动,似乎是塔娃给她的回应。那天,她绕到树的背后,看见了树干上早已形成的黑色空洞,难过地滴下泪来:"这是塔娃的伤口啊,她得有多疼啊……"贡桑以为塔娃活不久了。

可仿佛神明不忍这个善良的女孩伤心似的,来年春天,树上依旧长出了嫩绿的新叶。到了秋天,树上的叶片一半翠绿,一半金黄,油画似的明艳动人。贡桑在树下追逐着飞舞的落叶,每踏出一步,脚下的枯叶就发出清脆的声响,阳光照在眼角眉梢是醉人的温软,贡桑快活极了。

枯而不死——正因如此,村民们才把塔娃当成精神寄托,逢年过节都会来这里煨桑,清香隽永的气息弥散在鼻端,隔着桑烟,贡桑觉得塔娃的轮廓涣散得有些不真实,她还是喜欢塔娃平日里的样子。

年复一年,树下的桑烟生了又灭,灭了还生。日子就这样慢悠悠地过着,贡桑长大、嫁人、生子、老去,她和其他村民一样,在圣树前煨桑祈福、点灯祝祷,而塔娃除了身上又多了几重经幡之外,几乎没有任何变化。她就那样站着,说不上快乐,也没有悲哀。

又是一年秋天,贡桑给点燃的桑堆添了一把柏枝,她拨动着树旁的转经筒,小孙子在旁边转悠个不停。皱纹早已爬上了贡桑原本红润饱满的脸颊,她望着塔娃,却露出了小女孩才有的天真笑容:"**如果有来生,我也做一棵树吧。**"隆隆的转动声中树叶簌簌飘落,暮霭的温柔剪影里,一人一树站成了永恒。

TIPS

塔娃是棵杨树,生长在林周县松盘乡拉木村,这里的海拔超过4000米。据说,这棵杨树有500多年的历史,被称为"林周第一杨"。村民把这棵树当作村子的保护神,每逢望果节、藏历新年等节日就会来这里煨桑祭神,以求平安。

一天必须看完三座庙，这是个体力活儿

　　林周到处是寺庙、经幡，宗教在这里仿佛失去了它固有的缥缈空幻，而转化为一种实在的神圣和宽和，成为藏族文化的重要组成部分。尤其是在我气喘吁吁地爬到海拔4000多米的峭壁上，看到热玛强康寺的时候，这种敬畏感在大脑缺氧的刺激下变得更加强烈。

　　热玛强康寺所在的山叫"五指山"，因五座挺拔的山峰如同佛祖的五根手指直插云霄而得名。寺庙主体建在"手指"与"手掌"连接处，一部分建筑通过挖掘嵌到了峭壁里面，山与寺融为一体，建造难度很大，是难得的佛教艺术作品。还没等我从它的艺术价值里回过神来，向导拍拍我说："还有两座寺庙没去呢，我们今天得抓紧时间！"

　　经他一提醒，我的敬畏感又被拔高了好几个度。传说，五指山下有兄弟三人，各建造了一座寺庙供奉强巴佛（也就是弥勒佛），分别是供奉以耳朵著称的"妙耳强巴"的热玛强康寺，供奉以鼻子著称的"妙鼻强巴"的杰拉康寺，以及供奉以眼睛著称的"妙眼强巴"的洛堆强康寺。在过去的岁月里，广大信徒会在藏

历元月十四日晚抵达热玛强康寺，十五日黎明朝拜，之后向杰拉康和洛堆强康进发，黄昏之前完成朝拜，祈愿风调雨顺、年年丰收、众生安乐。从向导热切的眼神中，我读懂了他的潜台词：既然开了这个头，那就有始有终吧！

也许是信仰的力量，旅途的疲累总会在走进大殿看到强巴佛的那一刻被抛到脑后。造像者着意刻画诸神的性格特征，赋予神佛以个性，那脸膛和眼睛中宁和而厚重的光芒，仿佛使人一下子触及了博大精深且神秘无限的时空。

当然，在决定踏上这条"三座寺庙一日游"线路之前，首先你需要一个好的身体。

> **TIPS**
>
> **热玛强康寺** 位于卡孜乡热玛村，距县城约35千米。该寺建在形似佛掌的五指山下，妙耳弥勒足下引有圣泉甘露之水，还有远近闻名的敦桥和敦水磨糌粑坊等。
>
> **杰拉康寺** 也叫杰堆寺，位于春堆乡拉康村，距县城约40千米。寺庙始建于1012年，是一座典型的藏式方形封闭式庭院。它是林周历史最悠久的寺庙之一。
>
> **洛堆强康寺** 又称妙眼弥勒殿，位于春堆乡洛堆村，始建于公元十一世纪，是林周境内最为古老、保存最为完整的寺庙。殿中现存有十二世纪左右绘制的壁画，具有不可估量的文物和艺术价值。

你是景中人，
你是画中诗

听说我要去林周,好友在我的朋友圈下面留言:一定要去波多寺。

与热振寺和夏寺相比,松盘乡的波多寺显然是小众的选择。不过,我喜欢。

从县政府一路狂奔,半小时后,我们终于在村口见到了来接我们的漂亮阿加(藏语,姐姐)。西藏的寺庙不是造在半山腰,就是造在山顶,这个波多寺也不例外。于是,阿加带着我们又是一路狂奔。阿加说,我们第一次来林周,居然就知道这个寺,让她很意外。听她这么一说,我心里就更美了。然而,当我们的车在寺门口停下,我看着眼前这个甚至有些"简陋"的建筑时,心里一阵失望。

就这样?不会吧?难不成寺里别有洞天?不!它没有。

这里的阿尼(出家的尼姑)倒是很热情,但这个寺真的非常普通。当我带着无比失落的心情正准备起身离开时,阿加不知道和一位年长的阿尼说了什么,阿尼突然抓住了我的手,一路把我带往寺外。我有些惊恐,前方可是悬崖啊!阿加微笑着示意我跟着阿尼走。

人生果然没有真正的绝境。阿尼打开了寺庙边上的院门,这是一条通往高山的路。远处那一望无垠的草坡,就像从天上泻下的绿色墨汁。这样的画面,浓烈而干净。草坡上,四座白塔点缀其中,五彩的经幡在风中狂舞。这是梦境,是圣境,是被画笔涂抹的人间。它一头连着天,另一头连着正站在此地的我。

阿尼松开我的手,径自往白塔走去,她就这样在我的眼前慢慢地融成了景中的人,画中的诗。

如果你想避开人群,感受最自然、最简单的生活,那就来波多寺吧,因为这里真的很"林周"。

TIPS

波多寺位于松盘乡。因为景色实在迷人,这也是当地人夏天过林卡的首选地之一。在草坡最绿的时候,随手一拍,就是一张开机画面。离波多寺不远,还有一处天葬台,建议远观即可。

论一名扫地僧的自我修养

按照一般武侠小说的套路,寺庙里最不容小觑的便是门口的扫地僧,他们通常看起来平平无奇,但武功深不可测,且有大智慧。索朗就是纳连扎寺的一名扫地僧。

初见索朗,他穿着一身红色僧服,手握扫帚,正躬身清扫树下的落叶。纳连扎寺极少有游客到访,大概是发现我在庭院里转悠打量,索朗抬头看了我一眼。眼神一对,我便起了攀谈之心。

索朗是家里的老大,下头还有两个弟弟和一个妹妹,来纳连扎寺那年,他只有18岁。说起自己来这里的原因,索朗微微一笑:"这是我的理想啊,我5岁就决定要当一名僧人了。"语气稀松平常,仿佛在说"今天天气真好"一样。

索朗话很少,大多数时候,他只是握着扫帚清扫着不断从枝头落下的树叶,无比敬业。这样的工作,他做了12年。12年来,每天清晨念完经、上完必修的早课,索朗就会开始他的工作,打扫庭院、擦拭佛像,日复一日,年复一年,索朗不仅不觉得辛苦,甚至乐在其中。

索朗说,他更喜欢在秋天清扫庭院,秋天的纳连扎寺是最美的。高原上的秋天是响

晴的,阳光打在半山腰,白塔高耸的金顶熠熠生辉,山脚下老远就能看到。红色的砖墙上婆娑的树影,每一根枝丫都无比清晰。透过树叶去看阳光,光晕圆圆的,闪着五彩的光,飘在空气里,有点刺眼,但很漂亮……

听得出来,索朗很喜欢这里。

说话间,树上又飘了几片叶子下来,索朗习惯性地抬起了扫帚,而我抬起了头,打量起这座他待了 12 年的寺庙。寺庙的墙壁连同屋檐都是一种"弹眼落睛"的红色。这种红很难形容,它介于郎窑红和祭红之间,墙上镶着绘有彩画的蓝色窗框,惹眼而不扎眼,肃穆中透着一丝明快。间或有鸽子"咕咕"叫着落在屋檐一角,栖息片刻又扑棱棱飞走,红与白短暂地交织出庄严神圣之感。

好看是好看,但望着头顶四四方方的天,我闭了闭眼:"没有想过尝试一下别的生活方式吗?"

"这里就很好,我要在这里待一辈子的。"索朗摇摇头,眯着眼望了望这方庭院,便去继续清扫永远也扫不完的落叶了。望着他微弓的背影,我突然觉得,虽然索朗大概率是不会武功的,但作为扫地僧,他绝对是有大智慧的。

TIPS

纳连扎寺,又译作纳兰查寺,位于卡孜乡。始建于 15 世纪上半叶,占地面积约 1500 平方米,是全区重点保护寺庙之一。

节日

她穿上最美的衣裙,
他骑上最俊的马,
琴声起,
篝火旺,
跳动的火舌把他们的脸映得通红,
像天边未尽的晚霞。

反正，开心就对了

关于雪顿节,其实就9个字:晒大佛、看藏戏、喝酸奶。

雪顿节是西藏传统且最盛大的节日之一,在藏语里,"雪"指的是酸奶,"顿"就是吃的意思,直译过来就是"吃酸奶的宴席"。每到藏历六月底七月初的七天里,藏族人民就会聚在一起吃吃喝喝,唱歌跳舞,开心得不得了。

作为节日的序幕,哲蚌寺展佛是令人瞩目的仪式。当清晨的第一缕阳光照向哲蚌寺时,巨幅释迦牟尼的唐卡佛像便会从山顶缓缓落下,铺满整个后山。数以万计的人们围绕在唐卡周围,双手合十,齐声诵经。他们将哈达抛向唐卡,顶礼叩拜,场面神圣而壮观。几个小时后,大佛又被重新卷起,抬回到措钦大殿敬奉,待到来年此日才再次向世人展示。

至于其他时间,大家一般是待在公园里,罗布林卡和宗角禄康公园这几天都会有精彩的藏戏表演,看懂是不太可能的,不过,两处公园的景色都极美,早点去占个好位置,晒着太阳,喝着酸奶,打发时间才是"正道"。除了看表演,公园里到处都是三五成群、带着食物和酒来过林卡的藏族朋友,他们会到野外搭起帐篷、铺上地毯,摆开青稞酒和各种小吃,豪饮狂歌一番。

雪顿节对来林周旅游的人来说真的非常友好。首先是时节,林周刚好由夏转秋,景色和气候都十分宜人;第二是这个节日本身,既传统又现代。如果你愿意,可以痛痛快快地做一回当地人——听藏戏、过林卡、喝大酒,你不要觉得不好意思，大家根本不会把你当外人。

一千个人来林周，就有一千个理由。对我而言，这里就是一方净土，简单的人、简单的物、简单的景，人们简单地活着，也简单地快乐着。这里的生活，简简单单、潇潇洒洒。哪里像我们在城里的日子，过得跌跌撞撞、一地鸡毛。

TIPS

2006年5月，雪顿节被列入第一批国家级非物质文化遗产名录。

望果节，高原上的"夏日祭"

　　七月流火，林周当地人也正紧锣密鼓地筹备着一场高原上的"夏日祭"。

　　夏天来林周，望果节绝对是不容错过的精彩盛会。作为隆重程度仅次于藏历新年的节日，望果节的狂欢要持续三天左右。在林周，有青稞的地方就有望果节。望果节没有固定的日期，一般在夏末时节举行。每年7月底8月初，眼瞅着田里的青稞黄了，大家脸上便露出了心照不宣的笑容——望果节要来了。

　　到林周的时候恰好是7月底，边交林乡的藏族向导达次哈哈一笑："你们来得真巧，刚好明天我们乡里办望果节，可好玩儿了。"听闻"望果"二字，我当即开始望文生义，盼望果实成熟，林周人民可真有诗情画意。

事实上，在藏语里，"望"是庄稼，"果"是转圈，所以"望果"就是指绕着田地转圈。 不过有一点倒是被我歪打正着，望果节确实是他们祈祷丰收的节日。正如庙会是夏日祭的重要组成部分，转田仪式也是望果节的重头戏。

隔天上午11点，达次如约带我们去围观望果节了。到达出发点时，各家各户组成的转田队伍已经集结完毕。站定一瞧，嚯！这队伍，堪比巴西狂欢节大游行。突然就想起了宋丹丹小品里的一段话："那真是，锣鼓喧天，鞭炮齐鸣，红旗招展，人山人海呀！"

还在惊叹场面之壮观，队伍最前的长者已经点燃了桑香草，桑烟飘飘荡荡笼罩过来，队伍开始缓缓向前移动。

队伍里的男女老少都背着经书，穿着各色精致的藏袍，腰系彩带，每一个人都盛装打扮，和他们一比，我们几个灰头土脸的，显得格外突兀。转头瞧见队伍里不少人手上都捧了个方盒子，我不免好奇。达次说，那是"切玛"，也叫五谷斗，专门用来祈祷来年五谷丰登的。

也不知道走了多久，队伍停了下来，在田埂边稍做休息。男人们坐在田边缓缓饮下一杯青稞酒，能歌善舞的女人们围成圈跳起了欢腾的舞蹈，还有穿着白色长袍的少年，"呜呜"地吹响了代表风调雨顺的螺号……

听达次说，这样的转田仪式要持续到下午4点左右，每个人都怀着虔诚的心，祭祀神明，祈祷丰收。转完田，接踵而至的是赛马、射箭、藏戏等各种令人心潮澎湃的表演。那又是一番狂欢了。

TIPS

望果节是藏族人民期盼、庆祝丰收的节日，距今已经有1500多年的历史。由于各地青稞成熟时间不一，节日举办时间也不同。2014年11月11日，望果节被列入第四批国家级非物质文化遗产名录。

藏族人民自古以来都以农牧业经济为主体，因此滋生出许多与农耕文明相关的节日，除了望果节还包括开耕节和曲果节。开耕节是他们春日里最重要的一个仪式，这天藏族人民穿着最隆重的服装，手捧哈达，高举青稞美酒，踩着欢快的舞步来到田间地头，祈求欢快的风调雨顺、五谷丰登。曲果节与望果节有些类似，一般在六月中下旬举行，另一说曲果节是望果节的别称。

千里马常有，懂马的人不常有

对于藏族人来说，赛马不是一个具体的节日，而是一项全民参与的重大活动。在西藏地区，几乎所有的节日里，赛马都是其中必不可少的环节，林周自然也不例外。如果一定要分个高下，每年望果节上的赛马表演是一年之中最不能错过的盛会。

赛马的准备工作从一周前就开始了。爱马是藏族人民族的天性，在他们眼里，马虽然长着牲畜的毛皮，却具有神的灵气和感情。参赛的马匹要经过精心挑选，而且必须盛装亮相。除了马背上精美的鞍鞘、笼头外，还要给马额插彩花、脖颈披上彩绸、尾巴扎梳成辫状，最后系上五彩的绸带，总之就是让它跑起来的时候要多鲜艳有多鲜艳。更讲究的还要给马带上"首饰"，俗称"马上六件套"，包括铃铛、马垫、马鞍、笼套、马鞭和马镫。藏族人民祖祖辈辈都非常重视马，对于马的各种装饰，无论是头上套的还是尾巴上戴的，都会挑最好的去做。

有了华丽的坐骑，参赛的骑手也要精心打扮。脚踩轻便的藏靴，身穿华美的藏袍，头戴红缨帽，身背叉子枪，显得格外俊俏潇洒。和现在标准的赛马形式不一样，藏族的赛马和日常生活贴得很近，比如在表现高超骑术和技巧时，你会看到马上拾哈达、马上敬青稞酒、马上拔旗杆，与其说这些项目是比赛，不如说是藏族富有生活情趣的娱乐表演，是人与马世代相依建立起来的情感纽带。

从古至今，马是藏族人民日常生活中最亲密的伙伴。藏族人民生活的各个方面，比如放牧、远行、婚嫁迎娶，都要骑上自己心爱的马。对于高原上的民族来说，马和牦牛、羊一样，已经融入他们生活的点点滴滴。而马也在时间的流逝中与藏族人民的物质需求和精神渴望紧密地联系在了一起，已经演变成一种无法割舍的深厚情感，融入每一个藏族人的血液中。

赛马,藏语称"达久",是西藏地区流传最广的体育运动,深受藏族同胞喜爱。据记载,早在1500年前,藏族地区的"望果节"中就开始赛马。藏族人民一年之中常有赛马活动,这是藏族人民生活中不可缺少的仪规。林周江热夏乡加荣村每年都会组织规模盛大的马术表演及赛马活动,当地牧民身着节日的盛装,将马匹精心打扮一番,表达自己对赛马的热爱之情。

没有一场庆典
能少得了热振卓舞的悠扬

第一次见到那个姑娘,她就站在阿旺顿珠的身后,身穿一袭素净的藏袍,腰间的花纹格外亮眼。也许是刚从农忙现场抽身出来,她显得有些疲乏,咬着一根麦秆,仰头看着云朵密布的天空。此刻她是作为舞蹈队的一员来表演热振卓舞的。

卓舞,是藏族古老的舞蹈形式,有着1300多年历史,当地老百姓称呼它为"锅庄",它也是藏民族最著名的民间舞蹈之一,曲调多样,舞姿千变万化。热振卓舞是林周县独有的舞蹈艺术,顾名思义,与热振寺有着必然的联系。相传它起源于10世纪噶当派创始人仲敦巴建寺期间。后来,第五世热振活佛从藏东格萨尔起源地芒康迎请著名锅庄舞者诺尔桑,在内容和舞姿上丰富了热振卓舞,最终形成了现在十三段的热振卓舞。

热振卓舞的舞蹈形式以说、唱、跳的原始形态为主,其内容与藏族宗教文化紧密相连,有着自己独特的艺术风格。其中表达剧情的连珠韵白需要较为高超的表演技巧,表演时的手、眼、身、法、步等每一个程式动作都需互相配合,与长笛伴奏交相呼应才能形成优美的藏式舞蹈。

阿旺顿珠是林周县唐古乡江多村热振曲卓的非物质文化遗产传承人。1961年出生的他从20岁开始跟着父亲桑杰丹增学习热振卓舞,父亲当时正在组建热振卓舞队,对这一濒临失传的民族舞蹈进行抢救。阿旺顿珠的卓舞演出队伍并非全由专业演员组成,

他们中大多是当地的农民，平时都忙于农牧或是赚钱的副业，很少有时间排练，所以热振卓舞的传承也尤为艰难。

这次近距离欣赏热振卓舞的机会很难得，由于农忙的原因，舞蹈队没法全员出席。阿旺顿珠带着自己的两个徒弟站在刚收割完的麦田上，穿着地道的卓舞表演服饰，吹起悠扬的笛子，开始卓舞的表演。

如同藏族人民舞蹈一如既往的风格一般，热振卓舞的步伐和动作也是那么开放、豁达、无拘无束。刚才那个面对镜头还略显羞涩的姑娘，此刻已经完全沉浸在舞蹈的节奏当中，举手投足都在为丰收的庆典献上自己最真挚的祝福。她脸上的笑容发自内心，无比自由舒畅，悠扬的歌声响彻山野，直抵云霄。

乌黑的长发，
洁白的衣袖，
华美的配饰，
在舞动中熠熠生光，
高原的舞蹈，
既有彪悍的野性，
也透着高洁的姿态。

TIPS

卓舞距今已有1300多年的历史，是现存世界各民族传统舞蹈文化中最为古老的舞蹈形式之一。"卓"意为吉祥，一般只在重大节庆活动中开场、谢幕时表演。热振卓舞历史悠久，表现形式独特，清脆悠扬的笛声、宽宏嘹亮的唱腔与气势恢宏的伴唱相得益彰；舞姿动作舒展、丰富多彩，表演时有44人共同参与，具有很高的表演技巧。2021年，热振卓舞被列入第五批国家级非物质文化遗产名录，实现了林周县在该级别非遗中"零"的突破。

热振寺每逢藏历羊年的七月十五日都会举行盛大的**帕邦塘廓节**，十二年一次。

这里一年过两次儿童节，让全国小朋友羡慕

"联巴村最有名的节日就是我们自己的儿童节，叫金达拉。"旦曲说，他的脸一下子舒展开来，眉眼中全是孩子般的喜悦。藏族汉子性格多沉默内敛，能让他打开话匣子，一定是戳中了心坎儿。

林周江热夏乡联巴村，保留着从吐蕃时期延续至今的古老儿童节——"金达拉节"。每年藏历十一月或者十二月十五日，孩子们带着自家准备好的最丰盛的食物和丰厚礼物，在新年来临前聚集在一起。"达拉"在藏语里是"宝"的意思，"金达拉"翻译过来大概就是"金宝贝"。

节日的狂欢从白天就开始了。在内地，这个时候正是寒潮来袭的1月，光是大雪、冰霜、冷空气之类的词就足以让人"透心凉"，然而在离太阳最近的西藏，却有成群结队的人聚在太阳下，喝甜茶、谈天、说笑，他们温暖而惬意的样子简直让人忘记身处何时何地。据不完全统计，拉萨每年平均日照总时数多达3000小时，平均每天有8个多小时。在明晃晃的阳光下，这里的每一条街道、每一栋房屋、每一块砖、每一片瓦都变得细腻而温润起来，孩子们脸上的笑容也更加灿烂。

到了晚上，太阳的光芒就被火把替代了，熊熊的火焰把黑夜照得亮堂堂的，连落在草地上的影子都镶了一圈金边。能歌善舞的大人们围坐在一起，唱着古老的歌谣，将孩子们比作上天的神灵与星辰，为他们送去祝福。而孩子们呢，自然比谁都高兴，跳锅庄、丢火把、互相交换礼物，期待着即将到来的新年。此刻，头顶是浩瀚苍穹，脚下是无边旷野，在天与地之间，他们是最耀眼的明星。

哦，对了，还要补充一句，虽然有了"金达拉节"，但是六一儿童节他们也要庆祝。一年两个儿童节，你羡慕了吗？

TIPS

"金达拉节"的由来没有明确的史料记载，但因节日的参与者以林周县附近村庄的儿童为主，孩子们在这一天跳锅庄、丢火把、制作食物等，因而被称为儿童节。这一节日一代又一代流传至今。2017年，"金达拉节"入选拉萨第五批市级非物质文化遗产代表性项目。

16 岁的少年，第一次当上"王子"

与尼玛顿珠初次见面，是在旁多乡达龙藏戏的排练室，院子里有奶牛在吃草，时不时发出一声低哞。他站在屋子中间，露出雪白的牙齿，笑着和我们用标准的普通话打招呼，带着藏族同胞特有的淳朴与真诚。

尼玛顿珠是达龙藏戏传承人强巴洛桑最小的徒弟。大概是村里很久没有来外人，而当时又正值农忙时节，有正儿八经的理由可以从田地里回来，对于贪玩的男孩子来说，还是桩值得激动的事。因为身体的原因没法继续上学，尼玛顿珠两年前便开始跟着强巴洛桑学藏戏，人聪明加上年纪小，很快成为大家的宝贝。

在师父和师兄、师姐到来之前，他指着面前几大箱子的道具，给我们一一介绍藏戏里头的扮相，面对我们的提问，答不上来时他会腼腆一笑，"我师父一会儿来，你们问我师父，他知道的多"，说完便拿起手边的牛头面具朝我们做了个鬼脸。戴着面具演出是藏戏的一大特色，面具的材料大致可分为木雕、铜像、皮制、布料等。尼玛顿珠手上拿的牛头面具便是木雕，牛角逼真，乍一看还以为是真牛头。不同颜色的面具又代表不同的人物性格，比如白色代表善良，黄色代表睿智，蓝色代表勇敢，绿色代表智慧，黑色代表凶恶……

师父一行到来之后，便开始换装收拾，原本在箱子里的道具如变戏法一般到了藏戏演员的头上、手上、身上。尼玛顿珠四处询问是否需要帮忙，师兄、师姐们熟练的动作告诉了他答案。对于刚入行的藏戏演员来说，穿衣上妆是件

十分吃力的事情。拿衣服来说,里里外外得有七八件,加上衣服宽大,很难上身。等到大家伙儿都穿得差不多时,细心的师姐就走过来帮尼玛顿珠收拾戏服,当天他演的是王子,黄色的袍子,腰间左边配弓,右边是箭筒,威风极了。

随着敲鼓的演员捶响鼓面,换好衣服的演员们各就各位,背朝着大山,上演了一出好戏。鼓点越来越密,演员们的脚步却丝毫不乱,边唱边跳,接近零度的空气仿佛也被焐暖,热火朝天。尼玛顿珠在表演的时候不忘朝我们眨了眨眼睛,带着少年特有的调皮。

记得问他年纪时,他说自己2005年出生,我脱口而出"那就是15岁呗",少年一脸认真:"我16了"!年少的时候总是渴望自己快快长大吧!

TIPS
藏戏在藏语中叫作"阿吉拉姆",是仙女姐妹的意思。传说藏戏最早是由七姐妹演出,而且演出的内容大部分是佛经里的故事。藏戏是一个很庞大的剧种,其中最为著名的有八出,分别是《文成公主》《诺桑王子》《白玛文巴》《赤美文更登》《卓娃桑姆》《苏吉尼玛》《朗萨雯蚌》《顿月和顿珠》。每年藏历新年、雪顿节、望果节等重大节日都会上演藏戏。

何为狂欢,
就是戴上面具,
忘记自己是谁,
把全部的热情激发出来。

藏历节日

● 仙女节
仙女节又名"天母节",藏历十月十五日,是西藏传统民俗节日,如今演变成了藏族妇女的节日。

● 酥油花灯节
每年正月十五,各寺庙的僧人及民间艺人,用酥油捏成各式各样的花灯挂在街道上。

● 上九节
每年正月初九。
举行各种灯会,表演舞狮、舞龙、男女对垒摔跤、高跷、"天鹅抱蛋"。

● 林卡节
每年藏历五月十五日左右举行,节期不定,有些地方长达十多天。藏语称"孜木林吉桑",意为"世界欢乐日"。

●迎鸟节

藏历三月十五日。

每年藏历四月十五日热振寺也举行迎鸟节,此节日在热振寺叫杜鹃供奉日。僧人达百余人,敬献供品若干,并且还要举行隆重的宗教跳神活动。

●雪顿节

藏历七月一日开始,持续5~7天。原意为"酸奶宴",后来由于雪顿节活动内容逐渐演变为以藏戏会演为主,故又称其为"藏戏节"。

●赏花节

藏历七月。

带上青稞酒,一边赏花,一边歌舞痛饮,欢度赏花节。还举行摔跤、赛马、打靶等活动。

●沐浴节

藏历七月六日至十二日,历时7天。

藏语叫"嘎玛日吉"(洗澡)。

●赛马节

赛马节没有固定的日期,时间大约在每年7月和2月。7月,林周平措林赛马节;2月,江热夏乡加荣村赛马节。

●望果节

于每年藏历八月秋收之前举行,历时1~3天,已有1500多年的历史,是西藏人民渴望丰收的传统节日。"望果"是藏语译音,意为"绕地头转圈"。节日一过,紧张的秋收劳作也就正式开始了。

●煨桑节

夏季五六月举行。

●达玛节

藏历四月十日至二十八日,一般持续一周左右。藏语意为"跑马射箭",节日期间进行各种丰富多彩的体育表演和体育比赛。

●藏历新年

藏历正月初一开始,一般持续一个星期。藏语称"洛萨",即"新年"之意。

这里最高海拔5000米，刷新高度的同时，也重塑了味蕾。记得酸奶的酸，想念甜茶的甜，怀念时刻萦绕鼻尖的酥油香气。

你的锋芒伤害了我，口味却还不错

汪曾祺曾经说：一个人的口味要宽一点、杂一点，南甜、北咸、东辣、西酸，都去尝尝。汪老的话是一定要听的，所以每到一座城市，当地的特色食物，不管吃不吃得惯，我总要尝尝。**入藏以前，听别人说，多吃糌粑、多喝酥油茶可以缓解高原反应，一方水土养一方人，这些比啥药都好使。**

想象中糌粑和糍粑一样，甜、黏、糯。其实完全不是一回事，一盘子糌粑端上来，任人拿捏，丰俭由人，入口的瞬间，觉得口腔里所有的口水都被糌粑掠夺了，糌粑干、硬实、不甜，和酥油茶是绝配。吃完糌粑半天也不觉得饿，这是实打实的干粮。制作糌粑所用的原材料也是藏族同胞主要的食粮——青稞。糌粑暂且可以归为旅行的美食篇章，青稞则被归为旅行的精彩花絮。

进藏的日子正值秋收，在田野里拍照，没走几步，就觉得脚底有针在扎，每一步都如履薄冰。忍着痛，走到路边，脱鞋一看，鞋面和袜子上都被扎上了青稞，摘起来还费劲得很。属于高原的谷物果然有个性，被收割之前还不忘展示自己的傲气。

青稞对藏族同胞来说太重要了。由于高寒、高海拔的地理因素，这里稀薄的草甸无法支撑类似蒙古族单纯依靠放牧的生产体制，而世界范围内传统的粮食作物，如稻米、小麦、粟米等都无法在高原种植，正是有了青稞这种特别耐寒的作物的存在，才有了藏文明的诞生。千百年来，在海拔 4500 米以上的地区，青稞是藏族最主要的粮食作物。

从田里的青稞到饭桌上的青稞要经历一系列的操作：新收的青稞得放上一年，除干水分，然后再进行剥壳打磨。青稞制品的形式多种多样：它可以是干实的糌粑，可以是主食青稞面，也可以是火辣热烈的青稞酒，还可以藏在香烟里做爆珠青稞烟。

青稞有锋芒，生命力极强，是高原上的一道光。

TIPS

青稞每年只收一季，栽培历史非常悠久，种植面积大，占西藏粮食作物播种面积的 56%~60%。青稞有"三高两低"的特性：高蛋白、高可溶性膳食纤维、高维生素和低脂肪、低糖，是非常健康的食物。

翻过山丘，只为到达那片泛着金光的青稞地。

晒青稞

当镜头对准她们,
她们害羞地扭过了头,
不用看也知道,
高原特有的红晕
此时在她们的脸上越发透亮。

在高原上,没有什么是一杯酥油茶解决不了的,如果有,那就再来一杯甜茶。

有一段时间,内地特别流行喝黑茶,功效神乎其神,价格令人咋舌。在以前,黑茶几乎是藏族人民唯一的维生素来源。把茶砖煮上数小时,然后加入大量酥油,茶叶的清苦与酥油的脂香碰撞出神奇的味道。因此,这酥油茶一定得在高原上喝才会口感好,而且海拔越高,喝起来越令人舒心畅意。

在去唐古乡的路上,我一路被颠到"高反",猛吸氧气还是无效。听不懂汉语的司机大哥见我魂不附体,立马拿出了随车带着的一铁皮暖水壶酥油茶。滚烫的酥油茶竟成了我的救命稻草。大口喝下,那咸香浓郁的口感一下子就走遍了全身,温暖了我的每一个细胞。

不过,我对酥油茶的爱并没有影响到其他小伙伴,大部分人还是觉得酥油茶腥膻油腻。没关系,你可以喝甜茶。藏族人民喝酥油茶一般在家喝,喝甜茶则会到茶馆喝。**因为甜茶加工耗时较长,只有甜茶馆里的甜茶才最正宗。**一种说法是西藏的甜茶是受尼泊尔奶茶的影响,倒也有一些道理。比起英式奶茶的浓郁芳香,甜茶的制作方式与口感则更接近于尼泊尔的奶茶。

在林周,只要有人迹的地方,必定会有茶馆,随便走进一家,必定是人声鼎沸,屋子里就像个大食堂一样,有老人也有小孩,有"扎西"(小伙儿)也有"卓玛"(姑娘),大家各自围坐成台,喝茶,聊天,念经,打牌,阿加拎着铁皮暖水壶在人群中来回穿梭。

在这里,可没人会招呼你,得自己先在柜子中取杯子,然后找位置坐,在桌上放上零钱。阿加看到桌上的钱和杯子,自然会给你倒上一杯热气腾腾的甜茶。喝茶的藏族人都非常友好,如果没有整张桌子的空位,也会腾出位子微笑示意你坐下,才不管你是不是游客。

隔着茶馆的玻璃,外面是暖阳,远处是雪山。秋去冬来,阳光和甜茶是这片土地专属的幸福。在林周的街头随意一瞥,茶馆里的时光,甜到让人忘记忧伤。

 TIPS

如果有一天你来林周,记得也找一家当地的小茶馆。也许很简陋,但相信你一定能喝到高原特有的温暖。

关于酥油你要知道的几件事

酥油是从牛、羊奶中提炼出来的。以前,牧民提炼酥油的方法比较特殊:先将奶汁加热,然后倒入一种叫作"雪董"的大木桶里(高4尺、直径1尺左右),用力上下抽打,来回数百次,拌到油水分离,上面浮起一层淡黄色的脂肪质,把它舀起来,灌进皮口袋,冷却便成了酥油。

酥油有很多种吃法,主要是打酥油茶喝,也可放在糌粑里调和着吃。逢年过节炸果子,也用酥油。

藏族人民平日喜欢喝酥油茶。制作酥油茶时,先将茶叶或砖茶用水熬成浓汁,再把茶水倒入"董莫"(酥油茶桶),再放入酥油和食盐,用力将"甲洛"(搅拌工具)上下来回抽几十下,搅得油茶交融,然后倒进锅里加热,便成了香浓可口的酥油茶。

藏族人民常用酥油茶待客,他们喝酥油茶还有一套规矩。当客人坐到藏式方桌边时,主人便拿过一只木碗(或茶杯)放到客人面前。接着主人提起酥油茶壶(现在常用热水瓶代替),摇晃几下,给客人倒上满碗酥油茶。刚倒下的酥油茶,客人不能马上喝,而要先和主人聊天。

等主人再次提过酥油茶壶站到客人跟前时,客人便可以端起碗来,先在酥油碗里轻轻地吹一圈,将浮在茶上的油花吹开,然后呷上一口,并赞美道:"这酥油茶打得真好,油和茶分都分不开。"客人把碗放回桌上,主人再给添满。就这样,边喝边添,不一口喝完,热情的主人总是要将客人的茶碗添满;假如你不想再喝,就不要动它;假如喝了一半,不想再喝了,主人把碗添满,你就摆着;客人准备告辞时,可以连着多喝几口,但不能喝干,碗里要留点漂油花的茶底。这样,才符合藏族的习惯和礼貌。

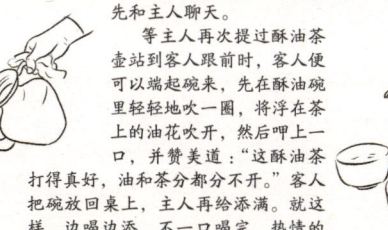

明天我还在这里等你

如果想要深入了解一个地方的文化，就去当地的茶馆坐坐，像在广州要喝早茶、在伦敦要喝下午茶那样，到林周的第一天，我就去甘曲泡茶馆了。

甘曲从来不缺茶馆，太湖路两旁铺天盖地都是茶馆招牌，擦荣茶馆的黑色招牌在这些招牌里低调到近乎寒酸，几乎一错眼就忽略了。然而作为整条街上最老的一家茶馆，擦荣茶馆在甘曲人心中绝对是王者一般的存在。当地人习惯叫它"擦荣"，仿佛是相熟多年的老友似的，顿挫的语调里是满满的亲切。

擦荣茶馆地方不大，藏式门帘、低矮门楣、长条桌椅、略显昏暗的屋子，都散发出一种经年久远的味道，但是仍旧挡不住爆棚的人气。掀起茶馆门帘的瞬间，也不知怎么就想到了同福客栈，那里有一屋子鲜活有趣的掌柜伙计和流水似的客人，而这里积攒了满满一屋子的人间烟火尘劳。

扎西是这家店的常客，每天中午饭点来，晚上7点打烊前走，天天如此，雷打不动。茶馆卖得最好的是甜茶，扎西最喜欢的也是这里的甜茶。甜茶在藏语里叫"恰安莫"，是舶来品，和内地的奶茶很像。擦荣茶馆的

甜茶价格公道,小壶8元,大壶10元,味道浓郁香甜,这么多年来就没变过味儿。扎西和两三个茶友,点上一大壶甜茶并几个点心,就能消磨一整个下午。

来这里喝茶的几乎都是周边的居民,都是像扎西这样的熟客,一小撮凑在一起,转经的、打牌的、晒太阳的、聊天的,每个人就这样窝在茶馆的一隅,守着面前的小小安逸,时光就像从暖壶里倒出的甜茶一样,醇厚绵长。擦荣茶馆有种特殊的魔力,它就像一个略显平淡的故事,虽没有震撼人心的情节,但却在每个人的心里静静地发酵。走进这里,和茶友们聊着外头世界的缤纷,说着这方土地的兴衰,再点上一壶甜茶,就足够消弭所有的隔阂和满身的风尘……

时钟指向下午6点,茶馆里的客人又渐渐多了起来,小厨房开始忙碌。扎西站起身来,拍了拍衣服上的瓜子壳和看不见的灰尘,然后回身对茶友说了句什么,这句话翻译成汉语是这样的:"回家吃晚饭去了。明天几点见,我们微信联系啊。"

TIPS

擦荣茶馆是林周最出名的茶馆之一,早晨6:30就开门迎客了。与其说它是茶馆,不如说是茶餐厅,这里除了酥油茶、甜茶之外,还兼卖藏面、藏饺、肉饼之类的小吃,半开放的厨房甚至还能端出一份份喷香的盖浇饭来。

这个"全家桶",切记一定分开吃

我也是在到了旁多乡之后才知道,一股脑将藏族人民的牦牛奶、酥油茶、奶皮子、奶渣、土制酸奶这套乳制品"全家桶"吃下肚,是会腹泻的。

说起西藏的味道,绝对绕不开以酥油为原点的奶制品。酥油是藏族食品的核心。武断地说,若不是千百年前的马队颠簸意外把牦牛奶颠得水油分离,也就不会有如今的藏餐体系。这种提炼自牦牛奶的"土制黄油"是牧民千百年来凝练的藏餐精华,是藏族人民日常生活的"硬核"。所以,真要感谢一下当年崎岖的山路和那步履艰难的马儿。

很多人都说,只有接受了酥油的味道,你才真正走进了西藏的生活。可不是嘛,在西藏的土地上,只要有人就会有酥油的味道。酥油茶是他们日常最重要的饮食,吃糌粑也要加入酥油来调整口感,寺庙中供奉的也是用酥油燃起的灯,他们的生活离不开酥油。

制作酥油的方法说来很简单,就是实打实的力气活儿:将新鲜牛奶加热后倒入一个圆柱状的木桶里,用一根长棍从桶盖的圆孔里伸进去上下反复搅打千次,直至水油分离,趁热将上层的油脂捞出,放入凉水里用手揉搓,排出多余水分的同时塑形,这样一块上好的酥油就完成了。至于提取出酥油之后的牦牛奶,里面还存有大

量的营养物质,继续加热熬煮析出水分,它们会在锅底凝结成块,取出放凉就是西藏另一著名奶制品——奶渣了。奶渣其实就是我们常规理解的奶酪,是牛奶的精华,略微发酵之后口感酸甜、奶香浓郁。

无论你走进哪一户藏族人民的家,落座后的第一件事儿必然是接过主人家双手奉上的酥油茶。这种略显黏稠、油润微咸、醇厚浓烈的茶水并非所有人都能马上接受的。刚喝一口酥油茶,边上一大盘奶渣糕和奶皮子就端上前来任你随意拿取。奶渣的口感坚韧、奶味十足,搭配着酥油茶一起品尝,就是在给奶香做乘法。

对了,藏族人民还有一件奶制品宝贝——酸奶。第一次在藏族人民家里看到土制的酸奶,是一锅色泽微黄、看起来颇像鸡蛋羹的东西。尚未发酵完全,这锅酸奶温热中散发出阵阵奶香气。看着我们这帮外乡人近乎冒光的期待眼神,主人家也殷切地拿起勺子表示要给我们尝尝。一勺子下去,这锅像豆腐脑一般的酸奶散发出更为浓郁的奶香气,装在碗里颤颤巍巍如果冻般的质地实在引人遐想。拿起勺子赶紧品尝一口,所有人的五官随即就拧在一起:"这也太酸了吧?"主人家笑着,拿过一碗白砂糖:"来来来,加点糖吧。"

来到林周的第一天,我就把各种形态的牦牛奶制品都品尝了个遍。回头还兴冲冲地向我的藏族朋友显摆:"你看,你们的东西我可都吃得惯!一样不落全尝了一遍哦。"谁知紧接着他就坏笑着看着我说:"这些酥油的东西你可不能一次全吃下去,油性太重,肠胃吃不消是会闹肚子的。"

话音刚落,朋友的忠告就应验了。

 **TIPS**

除非你有乳糖不耐症,否则来到西藏,你必然躲不开奶制品。酥油是藏族食品之精华,高原人离不开它,这是一种似黄油的乳制品,是从牦牛奶中提炼出的脂肪。酥油具有较高的营养价值,改善食物口感的同时还能防止嘴唇干裂。酥油茶是藏族人民最常食用的饮品,第一次尝试或许会不习惯它浓郁厚重的味道,但据说它对缓解高原反应有神奇的作用。在西藏,原汁原味的奶酪、奶渣等奶制品内地人吃不惯,在百货超市或者土特产店铺出售的、经过二次加工的奶制品小零食是伴手礼的最好选择。还有自制酸奶,它和我们日常能喝到的酸奶差别很大,一定得多放糖。至于所有奶制品一起吃会腹泻的问题,多半是由于油脂过多引起的消化系统异常,初入西藏的朋友还请量力而行。

茶馆里吃面，藏族人民的早餐标配

　　第一次听说西藏人民的早餐也吃面，我的内心无比激动。作为一个"面痴"，用一碗热气腾腾的面条来开启一天的生活是我每天的必修课。原本担心此次西藏之行怕是只能与泡面为伴的我，在听闻藏面二字之时的喜悦之情恐怕也只有中了彩票才能与之媲美。

　　我第一次吃藏面，是在林周县的唐古乡。茶馆是藏族同胞每天早晨的打卡点，一杯甜茶、一碗藏面是当地人早餐的标配。没错，一碗地道的藏面必须得在茶馆里吃！

　　也许你会好奇，为什么茶馆会卖面？其实说来也不奇怪，藏族同胞的早晨是一定要喝茶的，于是茶馆久而久之也就被赋予了早餐店的属性，而一碗热腾腾的藏面则是早餐最好的选择。

　　掀开茶馆厚重的门帘，眼镜被一阵雾气

迷住了，愣在原地的瞬间，鼻尖飘过一阵香气。茶馆里坐满了喝茶、吃面的客人，他们彼此或熟悉，或陌生，却都相谈甚欢。穿着藏袍的服务员姑娘穿梭在桌椅之间，端上一壶壶甜茶、一碗碗藏面。找个空位坐下，你就可以加入他们，融入这悠闲的时光里，等着阳光透过窗户，照亮指尖。

曾听闻一位藏族朋友说，要验证一家茶馆藏面是否正宗有三要素：面汤、辣椒和酸萝卜。

藏面是用高海拔地区的小麦磨粉后加入食用碱压制而成，生面先煮熟过水，然后晾干备用。有客人点单，店家就会取一把干面放到沸腾的牦牛骨汤里烫一下再盛到碗里，随后倒上一勺热乎的牦牛骨汤，撒上牦牛肉丁和葱花即可上桌。倘若是在热闹的茶馆里，这煮面可是一道风景！取碗、舀汤、捞面、撒肉、放葱花，每一道抛物线都无比优雅流畅，面汤在碗沿荡漾之时不会越界分毫，整套动作行云流水、一气呵成。只有这样的利索劲儿，才配得上食客坦然等待的心。

在我看来，作为一碗藏面的灵魂所在，那一勺牦牛骨汤才最吸引人！用牦牛骨和肉共同熬煮的面汤，色泽清透、香气浓郁，富含大量蛋白质、氨基酸，汤头鲜美之余，还带着一丝青草的芳香。也难怪看藏族同胞吃面，总是先大口把面条吃完，最后再细细地品那一碗面汤。

对了，要像一个本地人一样吃一碗藏面，你还得记住以下步骤。首先，从桌边的碗儿里舀一勺藏式辣椒淋在面上，随后端起碗猛嘬一口热汤，再夹一筷子面送入口中……若非是极能吃辣的朋友，这会儿一定被辣得够呛！这藏式辣椒是真的辣，以高原特有的辣椒品种加上香料以水调和，看似清寡实则暗藏杀机，没有点儿底儿的可千万别大勺逞能哦！

最后一味，藏式酸萝卜，是吃藏面的标配！紫红色的酸萝卜看着像日本料理中的红姜，色泽艳丽，口感爽脆酸甜，清口解腻、爽口开胃。一口面、一口汤，再吃一筷酸萝卜，这独有的晨间美味，以一种淳朴却扎实的形态涤荡你的味蕾，唤醒你的灵魂。

 TIPS

除了甜茶，**藏面**就是藏族人民早餐的最主要选择。一般吃藏面都在茶馆里，这是当地的一大特色。藏面面条使用小麦粉制作的碱面，美味的秘诀在于用牦牛骨熬制的汤头上，鲜甜清雅，能量满满。藏族人民吃面会搭配酸萝卜和藏式辣椒，前者酸甜清口，后者强劲开胃，尤其在冬天，吃完冒汗，浑身暖和。林周县藏面的平均价格是5元一碗，分量不大，想要一碗吃饱是有点儿难度的。但大一点儿的茶馆里，除了藏面还会有卖夏帕里（牛肉饼）、夏多么（藏饺）、雪果喀查（炸土豆）这些小吃，配着藏面和甜茶一起吃，令人十分满足！

吉祥如意的味道,我懂了!

这家藏餐馆不好找。谁能想到它开在城投集团办公楼里?那天,我们在楼里转悠半天,最终结果是摸到了人家的员工食堂,好不容易看见一个帮厨小姐姐,忙拉住细问:"诺桑林大酒店怎么走啊?"小姐姐微微一笑,指路二楼。

到林周的第一天我就开始打听好吃的藏餐厅,并列出了一系列苛刻条件:环境要好、卖相要好、味道要好,最好还有人能介绍。林周几位相熟的小伙伴不约而同地推荐了这家诺桑林大酒店。

与其说是酒店,不如说它更像一家餐吧。掀开门帘后,映入眼帘的是温馨的灯光和各种绿植,还有墨绿色的沙发卡座和木质方桌,环境"小清新"得可以。细细打量了一番并对这里的环境表示肯定后,我们一群吃客坐定开始看菜单。

各种藏式菜肴看得我们眼花缭乱,手抓羊肉、草原香菇什么的好理解,这道"扎西德勒"是个啥?作为我

仅会的一句藏语,"扎西德勒"应该是吉祥如意的意思,不免想起《还珠格格》里,大婚当晚小燕子把吉祥物吃下肚的桥段:"我把吉祥如意吃到肚子里,那就更加吉祥如意了!"心下感叹,这林周人民真是热情好客啊!当即小手一挥,点上!

大厨手脚着实麻利,帮厨小姐姐兼职服务员,不到15分钟,菜品就上齐了。说实话,在菜肴上桌之前,我从没有想到藏餐居然可以如此精致,且不说精雕细刻的萝卜花、摆放考究的花草蝴蝶,连简简单单的一道香菇亮相都颇为惊艳。而我最感兴趣的"扎西德勒"被盛放在黄铜制成的一个高脚盘上,瞬间有了点御膳的调调。

细细观察,眼前的"扎西德勒"是一座黄黄白白红红的小山,我只认出了黄色的玉米粒,白白红红一概没见过。帮厨小姐姐介绍说,这道菜是来这里的客人必点的一道菜,红色的是人参果,白色的是炼完酥油过滤出来的奶渣,都是高原上特有的食材。

舀了满满一勺送进嘴里,玉米的甘甜、奶渣的微酸、人参果的清香交织在一起,口感香甜油润,咀嚼起来层次异常丰富,跟甜品似的。啧啧,原来吉祥如意是这种味道。

TIPS

林周诺桑林酒店位于觉德岗路县中心幼儿园斜对面,于2018年开业,是几个林周当地的青年人在大学毕业后合资创办的。目前,酒店有客房13间,提供中西藏餐饮,配备豪华包厢、多功能会议室、茶园等。

伊比利亚猪VS藏香猪，我选藏香猪

藏香，听说过！香猪，听说过！藏香猪，是啥？

在去西藏之前，我并不了解藏香猪，只知道这是藏族人民的传统民族美食，烟熏小炒都好吃。直到在林周我第一次品尝白切藏香猪，令我颇为难忘。

作为一名老饕，多年以来，我心中最好吃的猪肉一直是伊比利亚黑毛猪，那条混合着橡木果香气的烤肉让我欲罢不能。而在品尝过白切藏香猪之后，我飞快地"移情别恋"了。

眼前的这盘猪肉被切成薄得透明的

波浪状大片儿，脂肪软糯晶莹，瘦肉纹理清晰。我迫不及待夹起一片送入嘴中，猪皮劲道爽嫩，肉质不柴、不腥、不油腻，浓烈的肉香在唇齿间"串"流不息，实非一般猪肉可比——这就是藏族同胞引以为傲的藏香猪。

听当地人说，藏香猪从小生在高原上，每天吃虫草松茸、喝山间清泉，还常常在山中自由自在漫步，因此，藏香猪又被称为"人参猪"。藏香猪从出生到出栏往往需要一到两年，在这段时间里，藏香猪积蓄了丰富的风味和肌间脂肪。

品质上乘的藏香猪肉色泽红艳，还有着堪比神户牛肉的雪花状纹理，光看着就已经垂涎欲滴。高端的食材往往只需采用最简单的烹饪方式，而白煮切片就是检验猪肉品质的最好方法。

看着眼前的这盘白切藏香猪，我又一次伸长了筷子，心里的小算盘打得噼啪作响：不知道用这藏香猪做的小炒肉是否也让人食指大动、垂涎三尺呢。

 TIPS

藏香猪又名"人参猪"和"蕨麻猪"，是西藏原始的瘦肉型猪种，被誉为"中国最好吃的猪肉品种"之一。藏香猪在品质上有"六个最"：肉品中氨基酸含量最高、微量元素最高、脂肪含量最低、猪肠最长、猪皮最薄、鬃毛最长。由于长期在野外放养，藏香猪的体格健壮，肉质紧实，口感鲜美，值得一尝。

我们为什么爱吃紫土豆?

几千年前,在南美洲的安第斯山脉中部,印第安人采集到一种被称为"巴巴"的野生土豆,他们发展了土豆的人工栽培技术。此后,人工栽培的土豆被引入欧洲,传遍世界。

清朝初期,驻藏清军及迁居四川的汉族人、回族人开始大量引种蔬菜、水果、花卉,土豆随之落地。也许是西藏和土豆的"老家"——安第斯山脉中部同属高海拔高原地区的缘故,得天独厚的自然生长环境使土豆在西藏的引种大获成功。

海拔高、光照充足、昼夜温差大、病虫害发生轻、污染源少,这些条件都非常适合土豆生长,还有益于淀粉的积累,因此西藏的土豆淀粉含量都比较高,并且培育出的本地品种非常丰富，比如林周著名的紫土豆。

单从颜色上看，紫土豆很容易被当成紫薯——因为含有大量花青素，对，就是那种能抗氧化、防晒的美容养颜神器。不过煮熟之后，紫土豆的口感就是马铃薯。但熟紫土豆不会褪色，光是颜值就赢在了起跑线上。

藏族人对土豆的热爱，体现在餐桌上土豆超高的出现频率上，也体现在土豆讲究的烹饪方法上。夏天过林卡，野韭煮土豆；日常开胃菜，咖喱辣土豆；休闲聊八卦，风味炸土豆；宴席迎宾客，必须来个藏式土豆包子……林周的紫土豆皮儿乌紫发亮，吃起来带着甜味，不管是和鲜香的野韭菜同煮，还是炖牦牛肉排，或者就用最简单的办法——上锅蒸，都能让人吃得停不下来。不光自己要吃，出门的时候还要带上一兜子沉甸甸的、裹着新鲜泥土的无公害土豆馈赠亲友。

土豆的营养有多丰富，还记得电影《火星救援》讲的故事吗？一个植物学家独自在火星上靠吃土豆生存了 500 天。你说这是电影编出来的？那再说一个真人真事：一个北欧人靠只吃土豆健康地生活了 300 天。而紫土豆呢，因为含有大量的花青素，除了对致癌物质有抑制作用以外，还有助于提高人体的免疫力、延缓衰老和增强视力。

我们为什么爱吃紫土豆？因为好吃啊！

 TIPS

林周是**紫土豆**的重要产区。因为紫土豆内含有大量花青素，所以呈现黑紫色并富有光泽的外皮及深紫色的薯肉。由于花青素有一定的抗衰老功能，所以长期食用紫土豆对人体健康也有积极作用。紫土豆既可做配菜，又可做主菜，其本身含有丰富的抗氧化物质，经高温油炸后不需添加色素，仍可保持原有的天然颜色。

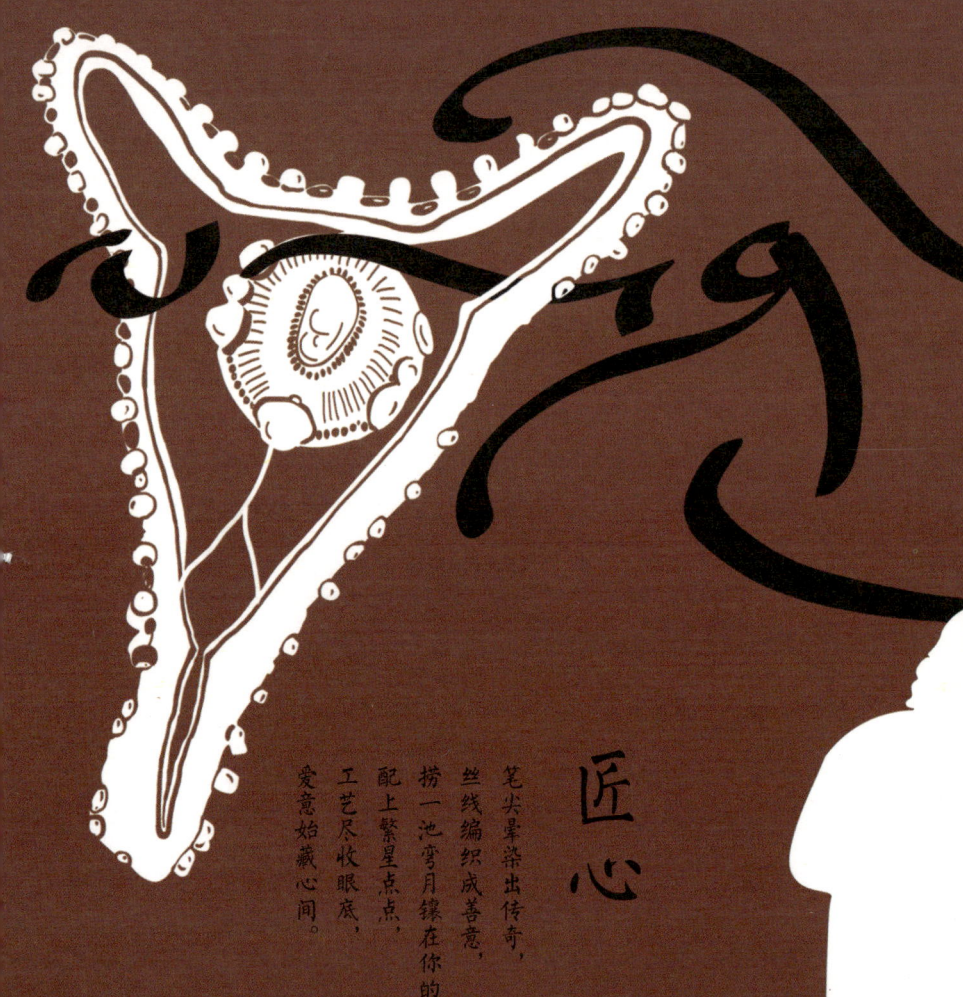

匠心

笔尖晕染出传奇，
丝线编织成善意。
捞一池弯月镶在你的发间，
配上繁星点点，
工艺尽收眼底，
爱意始藏心间。

一炷香飘，满心虔诚

来到西藏以后,无论走到哪里似乎都有一股香气萦绕在鼻尖,不论是在大街小巷、寺庙还是茶馆。这气味不似香水那般具有侵略性,它只是浅浅地围着你,让你放松、舒心。经同行的前辈介绍才知道,香气的源头是藏香,我一下来了兴致,说什么也要看看这香是怎么做出来的。

几番周折,打听到了阿朗有户做藏香的人家,同时也是一户藏医世家。藏香离不开藏药,而熟悉藏药的莫过于藏医。越野车穿过一路的好风光停在桑桑家门口,未进门,就先闻到了藏香的香气。桑桑16岁就成了一名藏医,至今已有12年的医龄,是家中第八代从事藏医事业的男生。

五味锦鸡儿汤散、六味寒水石散、七味螃蟹甲丸、八味檀香丸、十六味通经散……屋子中央上百个小抽屉都装满了药材,每个小抽屉上都贴了手写的药名,工整有力。桑桑告诉我们,这是制作藏香的原材料。除了去原产地采购以外,不少藏药药材是需要亲自上山去挖的,像白木、虫草等。由于采药过程艰辛,原先藏香属于稀罕物,并没有如今这么普遍。

每一种藏香都是一种传承,有些来自寺院,有些则来自传承百年的制香厂和家族。桑桑家的藏香已经做了200多年,依旧严格保持着原来的配方,并且坚持全程手工制作。将23种药材晒干、打碎、配比、搅拌后就来到了最关键的步骤:手工捏形。桑桑家并没有添置机器,哪怕是线香也都采用手工捏形的方式。只见一团团药材在桑桑以及他叔叔伯伯的手中几经揉搓,便成了细长的线香或锥形的塔香。做藏香需要制作者无比虔诚,要有那种"别人闻了我的香便能远离疾病"的心境,倘若没有,当天便是不适合做香的。

屋中光线昏暗,点燃的塔香悠悠地冒起烟,旋转着往上飘,淡淡的药味马上弥漫在空气中,一想到这味和200多年前的一样,我突然产生了穿越时空的恍惚感。走出桑桑家的时候我听到了屋旁潺潺的溪水声,抬头看到的是澄澈明朗的天空,在如此纯净的环境中制作出来的藏香,怪不得能让人静心安神。回到内地有一段时间了,只要一闻到手边的藏香的气味,就立刻唤起了在西藏的记忆。

TIPS
藏香是西藏的特产之一,除了可以净化空气,还有药用价值,能缓解高原反应、减轻流鼻血的症状等。每家做的气味都不一样。购买的时候可以根据自己的喜好随意选择。

这一笔，
他画了 12 年

来西藏，必定是要看一看唐卡的。

唐卡是藏语，是指用彩缎装裱后悬挂供奉的宗教卷轴画。唐卡又被称为"藏文化百科全书"，题材包括历史、政治、经济、文化、建筑、天文、民间传说等，总之你能想到的一切和藏族有关的题材都会被画进唐卡里。而若非亲眼所见，实在难以想象这样一幅小小卷轴居然要花费画师如此多的心力。

来到次仁顿珠的工作室时，他正擎着一支极细的画笔，盘坐着画唐卡，脸上表情平静到近乎端肃，身边是一排酒盅大小的颜料碗。下午3点的阳光透过窗子照进来，次仁顿珠的剪影投射在雪白的画布上，右手的动作幅度小得几乎静止，乍一看，还以为画布后是一尊雕像。

眼前这个90后大男孩儿祖籍林周，是全拉萨最年轻的一级唐卡画师之一。察觉到我们到来，次仁从画布后抬起头来，眉宇间的端凝尽数褪去，露出一点儿年轻人的腼腆来。看着他身旁笔筒里大大小小几十支画笔，我们一群人啧啧称奇，原来画一幅唐卡要用这么多笔呐。

次仁17岁开始学习画唐卡，从最基础的线条和配色学起。一般人看来，画唐卡是件颇为枯燥的事情，但次仁不觉得，他每天睁开眼就开始画唐卡，心越画越静，越画越醉。自此，这支画笔就再也没有放下过，时光就这样在一笔一画中流走。五年后，次仁学成出师，他开始创作带有自己特色的唐卡。

次仁最擅长的是宗教题材的唐卡。从中心描绘主要佛像，再从画面上方开始，围绕主体按照顺时针方向将与中心佛像有关的人物、活动场所或故事画满一圈。佛像有固定的制式，画面上的景物却由画师自行构思创作。眼前一幅《释迦牟尼》就是次仁耗时一年多完成的杰作，他笔下的佛祖慈眉善目、宝相庄严，连发丝眉毛都细致入微。

我的赞叹之情溢于言表，次仁却淡淡一笑："其实画唐卡没有那么难的，就是静下心来画而已。"话虽如此，但我们都知道，画一幅唐卡绝非易事，从构思到最终完成，有的要耗费一年多的时间；为了保证唐卡上每一处的颜色都饱满均匀，光上色就要上三遍……

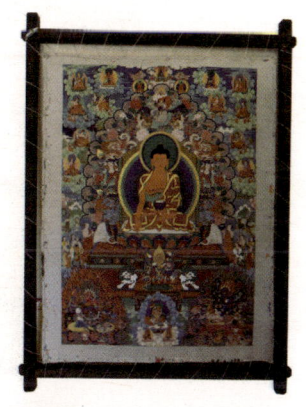

TIPS

唐卡是藏族文化中一种独具特色的绘画艺术形式，是国家级非物质文化遗产。绘制唐卡所用的矿物颜料采用金、银、珍珠、玛瑙、珊瑚、松石、孔雀石、朱砂等珍贵矿石制成，因此，上乘的唐卡历经百年岁月，色泽依然艳丽明亮。

次仁顿珠是全拉萨最年轻的一级唐卡画师之一，师从落桑桑嘎和丹巴绕旦两位国家级非遗唐卡大师。

给自己定个小目标，先打一套藏式家具

家具没有彩绘装饰，藏族人是难以接受的。

可以说，藏式家具完完全全长在了我的审美点上，浓烈的色彩和金色雕刻装饰是它区别于其他传统家具的最明显特征。之前去林周当地的藏族小伙伴家做客，看到这些家具时，我就两眼放光地扑了上去。

在以前，藏式家具是财富的象征，家里越有钱，家具越精致。我得承认，我跟有钱人比还是有点差距的，但是我们可以定个小目标，比如先打一套藏式家具。听小伙伴说，一般藏族人都是盘腿坐在地上的，所以藏式家具里没有传统意义上的凳子、座椅，只有箱子、柜子和桌子三大类。藏式家具的形态也不"拐弯抹角"，要么是长方形要么是正方形，在如今一众奇形怪状的现代家具中倒显得格外可爱。

因为形式上做不出什么花样来，工匠们就想方设法地在图案和配色上做文章。藏式家具的颜色就跟藏族妇女的裙子那般绚丽多彩，几乎所有藏式家具上都铺着大面积的彩绘。它的底色一般选用红、黄、褐三种

考验耐心和手艺。工匠们在箱板上先披一层麻布,用油彩画在麻布上,更讲究的要在麻布上首先预涂一层油灰,使下道工序上油彩时不会脱落,整个家具涂饰工艺有点像画油画。所谓"慢工出细活",匠人们常常耗费一个下午才能绘制出小小一角的图案……

也许是我盯着这箱子的眼神太赤裸裸了,小伙伴叹了口气:"你回家量一下尺寸,我找人给你定做。"

藏式家具走入寻常百姓家就是这几十年的事。藏式家具朴实、实用,用料做工上乘的藏式家具甚至可以作为传家宝代代相传。

颜色,至于图案的颜色选配和式样就更丰富了。我反复摩挲眼前做工华丽的大木箱子,羡慕万分。

大概是没见过这么没见过世面的人,小伙伴倒也乐得科普:"喏,这个上面是宝相花,是以莲花为基础演变来的,周围画的是吉祥八宝,对,不是三宝,是八宝。"纵然没见过世面,看着箱子上层次丰富、色泽艳丽的彩绘,也知道这么精细的图案纹样并非一朝一夕能画就。

对于制作藏式家具的匠人来说,彩绘最

如果能重来，我要当阿朗的女儿

真的，没有对比就没有伤害！我们的16岁，或许还在跟妈妈软磨硬泡要一条连衣裙，而阿朗乡的姑娘已经从母亲手中接过了价值好几十万的"隆雪"。当得知眼前小姐姐身上这套衣服市值80多万以后，我的嘴巴大张，内心发出真诚的感慨：如果能重来，我要当阿朗的女儿。

"隆雪"不是奢侈品，但价值远超奢侈品！让我们把镜头定格，好好看看小姐姐这一身行头。樱桃般大小的红珊瑚和绿松石间隔排列，镶嵌在头部轮廓的装饰物上，大约有七八十颗。这些宝石所簇拥的，是头顶一块银制的饰品，上头所镶的宝石个头是外部那圈的好几倍。额头两侧垂下来的饰物是呈水滴状、金锁状、祥云状的银制品，表面也都镶满了绿松石。与头部华丽的饰品相比，上身的衣服低调了许多，浅黄色的麻衣打底，黑色的毛呢状的袍子套在外头。到了下半身，又恢复了绚丽的基调。裙子和腰带颜色丰富，图案复杂，大面积的花纹一看就费时费力。大概是为了呼应头饰，小姐姐鞋面上还镶满了红珊瑚和绿松石，简直奢侈！

其实也不是所有阿朗的姑娘都有这么一套"隆雪"，家里有"隆雪"的必定是大户人家，而且"隆雪"属于传家宝，像上面提到的这一套就已经传了十几代，并且属于"高配"。一套"隆雪"的制作需要30个熟练的手艺人做上一年，并且如今已经很少见到品相质

量俱佳的宝石了,所以"隆雪"无价。

阿朗的姑娘第一次穿"隆雪"是在16岁,花一般的年纪,与花一般美好的衣服正相配,寓意着长大成人。姑娘们结婚的那天也会穿上"隆雪",人生中最重要的时刻,需要华服来衬托。

但我有些疑惑,头顶那么多宝石,脑袋会不会特别沉啊?身上那么多饰品,走起路来叮叮当当,会不会特别吵啊?随身带着巨额首饰出门,安不安全呢?算了,这样的困扰也不是谁都能拥有的,是我想太多了……

TIPS

隆雪服饰是林周县阿朗乡的特色服饰,从唐朝时候便有了。藏历新年和望果节,姑娘们便会不约而同穿上"隆雪",载歌载舞,欢度节日。"隆雪"不仅是女生独有,也有男生版的哦,只不过宝石比女生版的少很多,色彩也没有那么丰富。

每一枚擦擦里，都藏着一段思念

擦擦是什么？擦擦是藏语对泥模浮雕佛像梵语名的音译，本意为"复制"。

西藏的艺术向来多姿多彩、灿烂辉煌，往往还藏着几分神秘，但多年以来人们常常只对壁画、唐卡、金铜造像感兴趣，对西藏擦擦所知甚少。其实早在7世纪，西藏就已经出现了擦擦，并伴随着藏传佛教文化一路发展，是西藏极为重要的造像艺术形式之一。擦擦蕴藏着西藏艺术史中诸多艺术流派渊源与流变的讯息，也是考量西藏各个时代造像艺术风格的一手资料和直接线索，其中饱含着美学价值和人文情怀。

关于擦擦的起源说法很多，其中有一个故事伤感中带着温情。

传说有一位大修行人，名叫弥帝嘉那尊者，是当时印度非常有名的大学者。尊者在他母亲往生后，感应到母亲投生到了西藏一个游牧家族的石墩里，也就是做饭时用来放置锅子的石头，是属于孤独地狱的一种，他非常心疼母亲，便启程前往西藏一边弘扬佛法，一边寻找那个游牧家族。

在一个人孤苦伶仃地走了一个多月以后，他终于找到了母亲投生的游牧家族，并隐姓埋名给他们当起了牧羊人。三年之后，游牧家族的主人问尊者："你在这里帮了我们这么久，应该如何回报你？"尊者指了指烧饭的石墩，"如果可以，请把这块石头送给我。"游牧家族的主人虽然感到莫名其妙，但还是顺了他的意。尊者接过石头，将它敲得粉碎，然后用印模制作小佛塔，为母亲超度，这就是擦擦。

后来擦擦成为西藏地区重要的圣物，但多流传在民间，与经幡、玛尼石形影不离，常出现在佛塔、洞穴、湖边和转经路上。由于擦擦的制作常常就地取材，也被远行的旅人贴身携带，这是故乡的土，睹物思人。

如果说寺庙里的金铜佛像是人们对美好生活的虔诚祈祷，那小小的擦擦就是对一段思念的寄托。

TIPS

擦擦 由于材质不同，也分为骨擦、布擦、药擦、泥擦等。按照题材和内容的不同，也可以分成佛塔类、神佛造像类、经咒图符类。

毯界奢侈品，感觉不一般！

我想换条沙发毯的想法不是一天两天了，可惜一直没找到心仪的。某天下午收到正在林周出差的闺蜜的信息："宝贝，给你买了条新毯子，你一定喜欢。"

一周后，闺蜜抱着毯子出现在了我家门口。在沙发上铺开毯子的一瞬间，我发誓这是我这辈子见过的最好看的毯子，没有之一。

据闺蜜科普，这块毯子学名叫"氆氇卡垫"，正儿八经的"西藏血统"。在藏语里，"氆氇"指毛织品，"卡垫"指藏式坐毯，连在一起就是毛料制成的藏式坐毯，这种毯子柔软结实，防潮保暖。在江浙一带，几乎每户人家都有一张粉底棕花的床单；而在林周，每户人家都有一对色彩艳丽的氆氇卡垫。

眼前这块卡垫是用上好的羊毛线织成的，编织密实，配色绚烂到"弹眼落睛"的地步。黑底上织出的花鸟纹样粗犷中又带着难以言说的精致，四周"万"字符的四个内角空间都填满亮丽的色块，带着浓郁的藏族风情，使人耳目一新。

在林周，卡垫纺织车间里的织机每天使用时间都在9小时以上。一块用在沙发上的氆氇卡垫制作周期大概是30天，从剪毛、纺线、染色算起，最普通的卡垫都要经历十几道工序才能最终成型。可以说，卡垫的一针一线、一经一纬、一纵一横、一花一色之间都倾注了工人的心血和情感，每一件都堪称艺术品。这么一想，确实贵得有道理。

TIPS

氆氇卡垫织造技艺是渗透到每一个林周人家生活中的非遗技艺，它的"穿杆结扣法"在全国乃至世界地毯织造技术中都是一个独特的创举。在甘曲镇朗当村有一个林周嘉日仓妇女民族手工艺农民专业合作社，合作社成立于2013年，日常工作就是编织生产氆氇卡垫等羊毛织物。

越美的事物,越是费心又费时。从原生态的羊毛到细密精致的氆氇,不知浸透多少阿加的汗水!

每一把藏刀里，
　都藏着一个藏族同胞的成长记忆

相传当年文成公主入藏，陪嫁除了有大量珍宝外，还有诸多典籍和不少工匠。如今我们能看到的藏刀形制也大都是在汉、唐刀剑风格的影响下而逐渐演变发展至今的。

藏刀对于藏族人民意义非凡。生存在雪域高原以游牧为生的藏族人民，小到孩子，大到老人，几乎每个人都会随身佩戴藏刀。在过去，佩戴藏刀并非为了装饰，而是为了用于野外生存、防身、日常饮食等，藏刀是日常生活的必需品。随着时代发展，如今的藏刀逐渐演变，成为兼具实用性与艺术性的刀具。

大多数人对于藏刀的印象都是带着精美花纹，镶嵌着红珊瑚、绿松石等珠宝的精美刀具。而事实上，并非所有的藏刀都如此，比如我在林周县旁多乡看到当地藏刀匠人制作的旁多藏刀，那种简单朴素的美甚至略显笨拙。眼前的藏刀没有繁复的花纹，也没有镶嵌宝石，牛角制作的刀柄和黄铜的刀鞘都显得格外古朴。拔刀出鞘，粗糙的刀刃满含锤炼的痕迹，清冷的刃光沿着规整的血槽折射出来，散发出阵阵凌厉肃穆的气息。**在那寒气逼人的刀光里，你似乎能感知藏族人民从茹毛饮血的狩猎年代开始世代相传的民族记忆，都深藏在这一把饱经锤炼的藏刀里。**

纯手工的古法制作技艺流传至今，掌握它的人已经所剩无几，再加上繁杂的制作工序，和藏族很多地区有名的藏刀一样，旁多藏刀也是一刀难求。都说藏族人爱刀胜过爱牛羊，倾注了自己心血和灵魂的作品，制刀匠人又怎有不爱惜的道理。本以为能欣赏到一些老匠人的得意之作，但没想到匠人的手边想找出一柄完工的成品都很难，它们大都是刚做好就被早早订下的客人取走了。

有种说法，藏族孩子在7岁的时候就会获得一把属于自己的藏刀，寓意吉祥和庇佑，这柄刀此生便不会再离开他的身边。这种"人不离刀"的说法，一来是表示藏族人民自古就有随身佩带藏刀的习惯，另一方面也体现出藏刀在藏族人民日常生活中的重要意义。

TIPS

藏刀是西藏地区人民生活生产必不可少的工具，过去用于野外狩猎、伐木等，如今百姓家里也依然在使用。精美的藏刀同时还具有很高的艺术欣赏价值，佩带做工精良的藏刀在一些场合是藏族男人尊贵身份的象征。

旁多藏刀制作技艺在林周地区非常有名，用纯手工古法打造一把藏刀，平均耗时10天左右，工序繁杂。

刀身以黄铜、白铁为原料，刀柄镶嵌鹿角或牛角，整体不做过多装饰，造型简约古朴，粗犷中透露着匠人细腻技艺。

我的宝贝 5000 岁了

20世纪70年代,在西藏昌都县卡若村发现新石器时代晚期文化遗址。其中出土的文物里最具代表性的是一件单口双腹连体陶罐。陶罐为手工捏制而成,造型奇特,优雅美观,制成时间约在4500~5000年前,是新石器时代西藏陶器的点睛之作,代表了当时西藏陶器高超的制作技艺。西藏博物馆把这个陶罐作为镇馆之宝收藏,并以其造型为原型设计了西藏博物馆馆标徽志。

如今,一窥西藏最古朴的手工制陶工艺可不是件容易的事情。作为拉萨市非物质文化遗产项目,林周民间至今仍保存着手工制陶的工艺,年过花甲的格桑洛亚是林周县阿朗乡仅存的制陶艺人。

在历史上,阿朗乡拉康村、江热夏乡联巴村都是西藏著名的民间手工制陶乡村,其制陶历史可上溯千年,工艺水平高超。他们生产的陶器涉及藏族人民日常生活、生产的方方面面,从青稞罐到酿酒壶,从烹煮的锅碗到礼佛的香炉,这些传承千年的器具是西藏社会历史文化的有力见证。

走进格桑洛亚的家中,半成品或成品的陶罐四处可见,开阔的院内一角是堆放半成品陶器风干的库房,另一角则是制作陶器的场地。制陶的器具十分简陋原始,大部分都是木制的工具。格桑洛亚脱去鞋袜,盘腿在转台前坐下,伸手从一旁刚调和好的黏土堆里取出一块来,用木槌打平后按压在制作陶罐的胚子上,一点点小心翼翼地开始勾勒它的轮廓。

格桑洛亚从很小就开始跟随父亲学习制作陶器,陶土的配比也是传下来的配方,其中砂石的材料是来自拉萨甘丹寺的石头。格桑洛亚每隔一阵都会只身前往甘丹寺,从那里取回作为原料的石块,碾碎后加入陶土中。至于为何要用甘丹寺的石头,格桑洛亚也解释不清,也许是因为那里石材天然的属性合适,抑或是有什么信仰的加持吧。

不用多久,一个陶罐的雏形呈现出来。格桑洛亚用大脚趾拨动转盘,双手沾水后对陶罐进一步加工塑形。这手眼脚高度协调的技艺,看得在场的诸位目瞪口呆,啧啧称赞。一件陶器泥坯的制作经过拍打塑形、脱模镶底、捏耳贴流、粘接圈足后,以软皮布条湿水抹光,木条刻画图案,最后晾晒干,即可烧制。烧制的过程采用西藏古法的堆烧工艺,将风干后的陶胚摆放整齐,间隙和外层堆入大量柴草、牛粪等燃料,点燃后借助自然风燃烧十多个小时。最后燃料烧尽,冷却数小时之后在黑色的灰烬之中便可取出一个个褐红色的成品陶器了。

千百年来,陶器在藏族生活中担当着重要角色。以砂石为基,以火焰为媒,自然界这两大元素共同作用,便是藏式陶器的精髓。这些看似粗糙的土罐罐,却意外的结实耐用,因为它凝结了藏族人民的智慧与勤劳,带着岁月的光辉。

格桑洛亚今年61岁了,烧陶的手艺也传给了自家的孩子。临别前,他抱着自己烧制的长型香炉给我们看,伸手指着隔壁人家的院子说:"这些都是我的宝贝啊!你看,周边几户人家房上的香炉也都是我烧的。"他憨厚的笑脸里除了些许腼腆,还满含着一个藏族男人的自信和骄傲。

TIPS

藏式陶器，距今已有五千多年历史，藏陶的发明也是西藏开始进入新石器时期的重要标志。在历史上，林周县阿朗乡拉康村、江热夏乡联巴村都是西藏著名的民间手工制陶乡村，制陶艺人相对集中，工艺水平较高。这些民间手工制陶乡村出产的陶制品沿袭古法制作，器型主要有陶碗、陶罐、陶壶、香炉等，与百姓日常生活息息相关。历史上这些地方产出的陶器曾为西藏贵族与佛教场所专属，由此可见其生产技艺之高超。

银饰

藏银是一种合金,一般由30%的银和70%的铜合成。虽然含银量少,但造型丰富,具有一定的观赏价值。

扎念琴

"扎念",藏语意为"悦耳动听之声"。扎念琴有六弦琴、八弦琴、十六弦琴、二十弦琴等,音色柔和悦耳,琴身轻便,可以随身携带,席地而坐,抱琴即可弹唱。

黑帐篷

黑牛毛帐篷又叫黑帐篷,是藏族游牧民普遍使用的帐篷,采用牛毛和牦牛绒编制而成。一般缝制成两片长方形的毛毡,中间用扣环连接起来,经久耐用,冬暖夏凉。

木雕

在西藏,木雕工艺随处可见。比如藏式建筑、藏式家具等,雕花镂卉、富丽堂皇,布局设计合理、图案千姿百态、色彩鲜艳明快。藏式木雕既有浓厚的装饰趣味,又颇具观赏价值和艺术魅力,是一门能让木头焕发生机的艺术。

再多的形容词,都不如一个动词干脆!
走!
背上行囊,
在澎波河畔相见吧!

去远方 | 自然风光

这样的美景,怕是给你开天辟地的本事,也想象不出。

去远方 / 自然风光

当晨光慢慢移动角度，
逆光下的群山甘愿成为幕墙，
留给房屋一次闪亮登场的机会。

去远方 / 自然风光

依水而生,万物皆如此。
迁徙,奔走,寻一绝佳处落脚,
洗去身上的浮尘。
是什么留住了它们的脚步?
答案都在这里。

去远方 / 自然风光

与雪山齐舞,这种事企鹅想都不敢想。

去远方 — 自然风光

不禁让人想起王维的诗句：「远看山有色，近听水无声。」原来世间的美景都是相通的。

去远方 自然风光

在河边，
在山间，
影子重叠着影子，
枝叶连接着枝叶，
脚步来了又去，
翅膀挥动出生机与风采，
根系彼此交织，
站成一片永恒。

抱歉，吃货的本性再次显现。冬天的草垛像极了刚刚出炉时饱满温暖的白馒头。

去远方 | 自然风光

去远方 / 生态掠影

你看,所有的小羊羔、小马驹、大牦牛都可以冠上『无忧无虑』的前缀。

去远方 / 生态掠影

不得不说,闻着花香、喝着山泉水长大的牦牛,连眼神里都透着不凡。

去远方 | 人文风貌

笑脸迎着朝阳,
歌声传遍四方,
丰收的号角吹响,
奔波在希望的田野上。

去远方 / 人文风貌

挥舞的马鞭,
奏起欢呼声连连;
酥油的香气,
萦绕出欢庆的氛围。
欢歌笑语,
好戏连台,
感受双倍的精彩。

去远方 | 人文风貌

拂起朱色的连帐,迫不及待地向外张望,扑哧一声,红扑扑的脸蛋笑起来,有最动人的神采。

去远方 / 人文风貌

总有一个人的肩膀,
带着你翻山越岭,
走过河滩和四季。
当你回首望去,
一切已成往事不可追忆。

去远方 | 人文风貌

岁月悄然,
在呼吸间流淌,
在衣袍褶皱里沉积。
刻画皮肤的纹理,
改变发丝的颜色,
回望间已是走过多年。

你的嘴角一弯,
我就也跟着笑起来,
大脑一片空白,
只觉得满山遍野的花都没你好看。

去远方 一人文风貌

荆棘变为明灯,
杂草化作鲜花,
糌粑和酥油再现美妙梦境。

柒

牵手

我希望在明亮的教室里学习，
每天看鲜艳的五星红旗升起；
我希望住上有水、有电的房子，
不再为生活发愁；
我希望保护自己想保护的人；
我希望永远心怀梦想。
当你我相连成我们，
一切希望都有了曙光。

跨越高山河川，
他们把心留给了西藏

641年正月，16岁的文成公主在江夏王李道宗的护送下前往遥远的吐蕃和亲，浩浩荡荡的送亲车队不仅满载着金银珠宝、绫罗绸缎，还有公主亲自挑选的书籍、耐寒抗旱的种子和各类手艺工匠。传说，经过长途跋涉，他们终于在数月之后在河源与早就等候于此的藏王松赞干布相见。

这段传说有太多的模糊成分，比如松赞干布为文成公主修建了布达拉宫，再比如唐太宗"六试婚使"。历史的细节无法还原出本来面貌，但有些东西，它就像西藏的高山一样就在那里。

文成公主在吐蕃生活了39年，她将大唐的先进农业、手工业、建筑技术传播到当地，带来了医药、历法、宗教信仰等。随行的文士帮助记录、整理吐蕃文献。松赞干布受文成公主的影响开始羡慕唐风，"释毡裘，袭纨绮"，唐人陈陶《陇西行》

诗有"一半胡风似汉家"语,足见文成公主对吐蕃文明进步起到的巨大作用。直到现在,很多藏族同胞都认为文成公主是藏传佛教里的绿度母菩萨,也就是观世音菩萨的化身,她的雕像也在众多寺院里广受尊敬。

　　1000多年过去了,这份情谊不曾改变。1960年、1966年,林周大地上先后建立澎波农场、林周农场两个军垦农场,来自祖国各地的知识青年用自己的青春汗水和知识技能,与农场的干部职工、与当地农牧民群众一起,在雪域高原开垦良田、构筑水库,在林周大地上树立起理想信念、民族团结的丰碑。1994年7月,中央第三次西藏工作座谈会做出中央各部门和15个省市"对口支援、分片负责、定期轮换"的重大决策。江苏省委、省政府决定,由苏州市对口帮扶拉萨市林周县。苏州先后选派了9批优秀干部、专业技术人才赶赴林周,以"苏州速度"为林周带来了人力、物力、财力上的支持。从最初的构思规划,到推动建设、改善民生,再到产业发展初具规模、特色产业培育形成,苏州顺利帮助林周实现脱贫摘帽,华丽转身成为自然环境优美、发展后劲十足的"拉萨后花园"。

　　援藏27年,有多少苏州援藏人将林周当成了第二故乡,又有多少林周人心里多了来自江南水乡的异姓亲人,数不清,不如让这跨越了4000千米的高山河川当个见证吧,就像大型实景剧《文成公主》里的开场词"天下没有远方,人间都是故乡"。

老朗杰与十八军往事

一九四九年前的林周，滩涂遍野、卵石遍地，缺少灌溉设施，农牧业发展极为落后。如今，林周已然成为拉萨粮仓，是全区第三个粮食总产过亿斤的农业大县。从何时开始，这块荒地竟变成了良田？这一切都得从一位了不起的革命者——欧珠讲起。

1960年4月8日，西藏军区生产部正式成立，揭开了西藏农垦的新篇章。因为1959年在平息叛乱中表现优异，当时年仅33岁的欧珠被派到林周担任排长，管理松盘乡的部队农场。

欧珠带队的十八军某部官兵100多人，积极响应党"开发边疆、建设西藏"的号召，就地转业，迅速投入到西藏农垦工作中去。

"十八军当时进藏后在松盘乡待了将近一年，曾在松盘乡建设两块农场。其中较小的一块被我们称为小农场"，今年已经79岁的朗杰回忆说，"小农场当时没有种植农作物，只有几间小房屋。"

如今的"小农场"旧址已然和当地其他农田融为一体，但朗杰老人依然能准确地指出它的位置。除了小农场，朗杰还能在如今的空地上准确地指出当时十八军部队驻扎地以及他们的主要菜地——部队农场的位置。

围着小农场所在田块的小矮墙附近，有一道东南走向的水渠，在水渠的一边，有明显比平地凸起来的土堆，老人称之为扎西岗路。沿着扎西岗路向前150米，就是军队曾经的驻扎地和部队农场。部队农场的面积较大，是小农场的三倍。

"当时部队在这里种植的作物主要是萝卜和圆根，以及白菜等。"朗杰说。除了这些日常蔬菜，部队农场还种了藏青稞。但是由于部队不熟悉藏青稞的收割环节，所以雇佣当地农民去收割，并给予相应的报酬。"当时大家的日子都过得很苦，所以都很乐意干这份工作。"朗杰开心地说。

据朗杰回忆，在当年极其艰苦的环境下，欧珠带领的队伍不仅把先进的生产技术和思想文化播撒到松盘乡的每家每户，还纪律严明，严格做到了绝不拿当地群众的一针一线。

60年后的今天，我们在历史长河中一个个极细微的片段中感受到了一种由几代人的青春热血铸就的精神。

有水的地方就有故事

与林周其他地区相比,虎头山水库非常热闹,从秋天到来年的春天,都可以看到很多人在黄的田地里拍摄黑颈鹤、斑头雁等水鸟。水库前面是成片的农田,田间地头还残留着收割后的残秣,空地上还堆积着头年的庄稼秆,这为黑颈鹤们提供了越冬的粮食。

这里从"出生"开始就注定是热闹的。1974—1976年间,1000多人在虎头山水库施工现场忙碌地工作着,他们有的背石头,有的用马车搬运沙子,有的挖坑铲土,拖拉机发出的声音和工匠们打磨石头的声音交织在一起,犹如一首完美的交响乐。

虎头山水库在建造时没有动用任何大型机械,完全由人力所建,是那个时期插队的知识青年与藏族群众共同努力的结晶。林周县各乡村都选派身体最好的村民参与修建,当地流传着一句话:"一看到虎头山水库,肚子就会饿。"因为修建水库时自然条件极其恶劣,物资供应严重短缺,生产生活条件十分艰苦,大家吃不饱、穿不暖,施工现场除了几台拖拉机以外,没有一件

TIPS

虎头山水库 位于林周县强嘎乡境内的澎波河上游,平均海拔3860米。虎头山水库始建于1974年,是以灌溉为主兼顾防洪的中型水库。本地一些年龄稍大的村民们都清楚地记得修建虎头山水库的艰辛。村民和知识青年同吃、同住、同劳动,为林周县子孙后代留下了最宝贵的财富。如今的虎头山水库几十年如一日哺育着周边上万亩良田、湿地、森林和树木,凭借着优美的水上风景,成为当地人周末休闲度假的好去处。

像样的工程机械,所有工程只能靠肩扛手挖、人工操作完成。

在那个艰苦的年代,进藏干部、知识青年与当地老百姓同心协力,用三年时间建起了虎头山水库,为林周县农林牧业生产与发展提供了可靠的水利保障,推动了农林牧业的可持续发展。水库建成后的这几十年里,林周人从未因干旱天气而受困扰。而经历了那段激情燃烧的岁月后,这片土地不仅承载着劳动人民的火红记忆,也见证了人与自然的相处智慧。

水库边广阔的沼泽地带是水生植物与贝类的家园,大片的湿草甸沼泽地更是黑颈鹤、黄鸭、斑头雁等水鸟越冬的重要夜栖地。水库上部是春堆乡卡东村一处景致优美的草场,置身其中,看着不远处依山而建的古刹——楚杰寺,聆听着草场林间流淌的流水声,只想赶紧呼朋唤友来这里过林卡。

阳光洒下来，林周县镶上一层梦幻的金边，万物欣欣向荣。

高原无所有,聊赠一匹马

汽车在 561 国道一路驰行,风景从眼前不断后退,翻过恰拉山,就到了林周县旁多乡。1966 年,众多乡民在这片冰冷却又洒满热血的雪域高原上纷纷捐马,并组成精干的送马队,将家乡的千里马送到 5000 多千米外的河北邢台人民手中。

彼时的邢台,正处于地震带来的灾难中,一时间,8000 多人蒙难,120 多万间房屋倒塌……邢台的灾情时刻牵动着全国各地人民的心。一方有难,八方支援,藏族同胞也不例外。然而,当时西藏自治区也才成立不到一年,正是百废待兴的时候。

高原无所有,聊赠一匹马。捐马赈灾的事儿就这么被敲定了。此消息一出,藏族同胞热情高涨,一定要给邢台人民贡献自己的一份力量,验马工作组所到之处皆被围得水泄不通。与此同时,身强体壮、身体素质过硬的藏族人民也积极报名参加送马队。

人间忽晚,山河已秋。出发之时,高原已是秋末,由 62 名藏族同胞组成的送马队成员带着 300 匹精心挑选的良马浩浩荡荡向河北而去。成员们感到凉意在空气里弥散,秋霜结在马匹的眼眸。此行虽路途遥远,但大家都惦记着远方的灾情,因而团结一心,毫无怨言,日夜兼程。

虽然困难重重，他们最终还是越过绵延险峻的念青唐古拉山脉，跨过神秘莫测的昆仑山，穿过渐黄的青藏高原大草原，蹚过干燥的柴达木盆地，又转乘火车，历时整整26天，将马匹安全送到了邢台。

这跨越千山万水而来的支援令河北人民感动万分，祖国的温暖，同胞的情谊，是他们渡过难关的力量。至今，平均年龄已经七八十岁的送马队成员还珍藏着当年从邢台拿回来的纪念茶杯，这是邢台人民特地在陶瓷厂为他们做的，杯身上用藏汉双语印着"各民族大团结万岁"的字样。

故事到这里，似乎也该结束了。可33年后，"邢台人民回访团"驾着"铁牛"（拖拉机）来到了西藏，再续当日赠马之情。一场捐赠"铁牛"的仪式，是又一场民族大团结的盛会，在这土地上热烈地开启。

发动机的轰鸣停止，林周县到了。风呼呼吹着，又是一年秋凉。回头看来时的路，与几十年前相比平坦又宽阔。回过神来，一碗热气腾腾的酥油茶已被老乡塞到了手中。

真暖。

TIPS

藏族同胞在邢台人民受灾之时将最好的马匹千里迢迢送去，谱写了一曲传唱千古的民族团结赞歌。

　　才旦拽着我的胳膊向着阳光奔跑,如此"剧烈"的运动对于还处在高原反应下的我来说着实有些困难。头部的阵痛随着脚步的节奏上下弹跳,口鼻正在加大喘息的速度,努力追赶着心脏跳动的节奏。

　　才旦似乎感觉到了我脚步的拖沓,回过头轻轻松开了手,此时的阳光倾斜地照射在操场上每一个人身上,影子被拉得老长,才旦的脸在逆光下让人捉摸不透,微卷的头发被勾勒出金色的光晕,"没事吧,对不起,我不该拉着你跑的。"那是如此标准的普通话,如果不是黝黑的脸蛋上特有的高原红，与苏州的学生没啥两样。

我干脆一屁股瘫坐在人工草坪上，阳光组成金色的幕布，孩子们就在不远处追逐玩闹，留下道道剪影，这幅景色让人温暖。指尖残留着才旦手掌的温度，被微风悄无声息地带走，这里的一切都太温柔了，甚至有那么一刻感觉高原反应都消失了。这里是林周县苏州小学。

1965年，澎波农场子弟学校落成，但当时的学校只有林周县中学校内的两排旧平房，条件简陋，设备短缺。3个教学班、6名老师、47名学生，入学率仅为59%。1998年，在苏州市党团干部和市民群众的热情资助下，小学迁至澎波河南岸的苏州路上，正式更名为林周县苏州小学。学校占地7万余平方米，拥有28个教学班、102名老师、1291名学生，入学率100%。学校先后建成了校园远程教育接收系统、藏书达3万余册的图书馆，每个教室都配备了电子白板，全部课程都实现了多媒体网络教学。

我不禁想起中国著名教育家、苏州人叶圣陶先生的诗句："谁也没有见过风，不用说你和我了，但是树叶颤动的时候，我们知道风在哪里。"

起风了，风吹过他们柔软的黑发，吹起脖颈间的红领巾，吹动操场上飘扬的五星红旗。现在的这种感觉，就是风。风吹过了4000多千米，攀上了青藏高原，翻越了念青唐古拉山，从祖国的一头吹向了另一头。风带来的不仅是漂亮的校舍、数字化的设备、可以尽情奔跑的操场，风带来的更是育人的氛围、包容与和谐的环境。

要知道我最感动的是什么吗？不管是学生还是老师，他们都自称"苏小"人。

格桑塘,科技造就新希望田野

说起游牧民族,大多数人脑海里浮现的总是"红尘做伴""策马奔腾"的潇洒图景,而现实失去了滤镜的"加持",游牧民族面对的是"居无定所,看天吃饭"的动荡与辛劳。作为拉萨牧业大县的林周,牛羊等家畜便是村民们最重要的家庭资产。高原牧场的地形带来了得天独厚的自然资源,也不可避免地带来了严酷的自然环境,硬生生把林周百姓的生活风险抬高了好多级。智慧的牧民用千百年来积攒的经验与天地周旋,"逐水草而居,择天时而动",在无止境迁徙、躲避、寻觅中求得生存。为了彻底改变传统的放牧模式高风险低回报的现状,格桑塘现代农牧产业示范园应运而生。

"格桑"在藏语里是幸福美丽的意思,而"塘"寓意平坦宽阔,"格桑塘"翻译成汉语就是"一片幸福美丽、平坦宽阔的地方",换言之,这是一片充满希望的田野。

TIPS

通过**格桑塘现代农牧产业示范园**，林周县助力构建西藏农牧业产业体系，使示范园区成为推广农牧新品种、新技术的窗口，成为脱贫致富奔小康路上有力的"造血机"。

格桑塘分为东、西两个区域，东区以牦牛繁育为主，西区以牦牛育肥、奶牛养殖及饲草加工为主，采用集约化、半舍饲化的饲养模式，带动了林周县及周边地区 2000 多户、8000 余名农牧民养殖方式的转变。从 2018 年试运行以来，格桑塘交出了让人惊喜的答卷——目前存栏量已经超过 3000 头。牦牛的养殖周期也从传统放养的 8 年大幅缩短为 4~5 年。

同时，格桑塘的技术人员也深知"授人以鱼不如授人以渔"的道理，手把手将整套饲养管理模式传授给当地的牧民，习惯了"靠天养牛"的牧民第一次见识了机器挤奶、B 超孕检、定制营养餐等高科技的"硬核操作"，大家的眼睛里绽放出对生活的热情与期望。

当你站在海拔 4100 米的半山腰上，眺望这片园区，你看到的除了眼前所见，还有潜力无限的未来。

扯一片白云，当作衣裳，转身化作格桑花，与白云雪山一路相伴。

林周的路边开满了『张大人』

　　西藏其实并不缺花,雪域高原上有超过6000种的高等植物,只是因为稀薄的空气、强烈的紫外线和巨大的温差,它们难以被驯服。当然,它们被赋予了神圣高洁的光环。

　　格桑花,是雪域高原最美的花。但初到高原的人常常会感到疑惑:格桑花到底长什么样?藏族人民的回答也总是模棱两可,这个也是,那个也算是。任何符合格桑花特征的菊科紫菀属植物都能被称作是格桑花。而这些象征着幸福与美好的花朵还有一个奇怪的名字——"张大人花"。

　　传说1906年,清朝官吏张荫棠以驻藏帮办大臣的身份来到西藏,整顿藏务、推行改革。张荫棠做了很多事情,包括广设学堂、振兴农工商业、修路开矿等,在藏族人民心目中树立了很高的威望。张荫棠还是个爱花之人,入藏时亲自带了各种花籽。结果,其他花籽无法生长,唯有一种花籽长出花瓣来。此花呈八瓣状,分红、粉、白三色,花茎细长挺直,叶成齿轮状,能抗风沙、耐严寒,清香似葵花。一时间家家户户都争相播种,很快传遍了这里,但谁都不知道此花何名,只知道是驻藏大臣张荫棠带来的,因此起名"张大人"。至今,许多不会说汉语的藏族老人还能流利地说出"张大人"这三个汉字。

　　百年之后,林周县的边交林乡现代农业

示范园迎来了更多的"张大人""王大人""李大人"。自 2014 年以来,在林周县委、县政府的关心支持和历批次苏州市援藏工作组的持续投入下,边交林乡逐步建立起占地面积 1126 亩、拥有设施大棚 289 个、智能温室 6144 平方米的现代农业示范园。截至目前,园内花卉种植面积达到 13000 平方米,品种多达 30 余种,所有产品均采用无公害生产标准进行种植。园区采取"政府+企业+农户"的管理经营模式运营,目前已有 50 多人参与其中,其中本地居民居多。所有产品在保证林周县域供应的同时还向拉萨、日喀则、山南等市进行销售。

TIPS

林周花卉基地 位于林周县边交林乡,于 2012 年建成,2019 年通过对智能温室大棚进行维修,花卉基地的软硬件设施得到了大大提升。2020 年初,该基地积极探索经济发展新品种培育,不断进行蔬菜、水果、花卉、食用菌类培育,为当地农业和经济发展做出了卓越贡献。

私家旅行路线

从 1995 年开始,苏州市陆续派出援藏干部及技术人员赴藏开展工作。雪域高原从想象走入现实,最终又变成魂牵梦绕之地。即便服务期满后,他们也多次回访这片土地,回望足迹、寻找灵感。毫无疑问,对于他们而言,援藏工作是一段难忘的人生旅程。

刘佳《高原畅想》240cm x 200cm 中国画

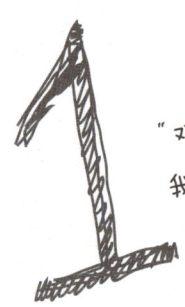

1

"对西藏的色彩,
我有一种无法抑制的表现欲望。"

—— 刘佳

中国美术家协会中国画艺委会委员,江苏省国画院专职画家,先后进藏20余次,创作了《八廓街头》《高原畅想》《西藏风情》等系列作品。

初次进藏

最早一次进藏是在1992年，一直想画，但始终没有找到合适的方式、方法，很难有一种表现形式能把西藏表现得更加完美。在慢慢摸索中，我渐渐地找到了适合自己的方式，也是我觉得比较贴切西藏题材的表现形式。一年以后，我创作了《八廓街头》。这与后来创作的作品，其实在心境上是不同的，有现实的进藏时候的感受。

西藏之旅对于创作风格的影响

对我来说，西藏可能是我绘画人生中一个重要转折点。这里给我一种很安静的心态，让我能够静下心来好好思考。每天在这种环境中，看到那些非常虔诚地转经的西藏人民，我的感触也非常大。整个氛围让你需要用一种新的中国画方式去表现，在这个过程中，你必须去适应它，哪些东西可以取舍、哪些东西是要重新创立的，这在创作的过程中会慢慢成型。

高原采风也需要冒险

有一次参加中国美协组织的保护母亲河采风活动，我和20余位国内知名的美术家一起进藏，寻找长江、黄河的源头。采风团行至鄂陵湖、扎陵湖边时，吉普车在水里翻车了，这是比较惊险的一次经历。

我的情有独钟

其实我特别希望能深入西藏最深的地方，去看看改革开放后西藏的变化。青藏铁路通车以后，我有幸成为第一批乘火车进入西藏的艺术家。我创作了一幅《高原畅想》，这幅画入选了第十二届全国美展，这是我在艺术创作中的一个里程碑。

西藏过去和现在生活的变化，其实是洋溢在藏族人民脸上的喜悦，特别是生活改善后他们有了更多的憧憬。今年，为了建党百年，我又画了一幅《高原畅想》，整整相隔十年，重画同一题材，我又有了新的感悟。

我很喜欢西藏马鞍上的搭扣，上面镶嵌着绿松石，特别是经过使用之后的沧桑感让我爱不释手。在食物方面，我还是喜欢喝酥油茶，最早是在布达拉宫宾馆，喝起来很不适应，但是后来慢慢喜欢上了，特别是在八廓街的玛吉阿米，关于它我还特地写了文章。

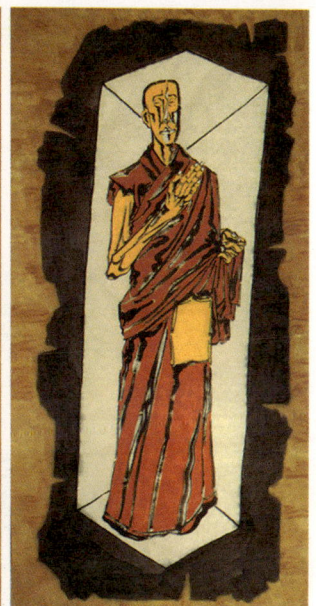

刘佳《行者》240cm x 120cm x 6cm 水墨纸本 2010年

刘佳《西藏风情》136cm x 34cm x 6cm 水墨纸本 2009年

"西藏太大,每次都意犹未尽,所以只要有时间就会想要继续西行。"

—— **戚振林**

摄影记者,
热爱旅行、航拍,
至今进藏8次

自由之旅

🌀 最难忘的进藏经历

2006年青藏铁路通车，我自驾车和朋友一起经过兰州、西宁到达格尔木，7月1日早上，我们从海拔2700多米的格尔木直接赶到了海拔4700多米的昆仑山口，在那里等待青藏铁路第一列旅客列车驶过，从昆仑山口开始才真正进入了青藏高原。

因为事先得到的信息有误，我们在山口等待了几个小时，到火车来了拍摄到照片后，急忙驾车下山，到了海拔相对较低的沱沱河时，我已经严重"高反"了，车子开进沱沱河兵站院子，下车就吐，然后睡到第二天上午才好些。

🌀 第一次进藏

第一次进藏是在2004年的夏天，参加苏州市组织的采访团到林周县采访，走了几个乡镇，对林周有了第一印象。

个人第一次进藏是2005年的夏天，开着刚买的"北京jeep2500"，和苏州大学的东吴越野车队走青藏线到达拉萨，第二天就一起到了林周县。车队带了一些学习用品捐赠给林周的"苏州小学"，记得那时的苏州小学还是一个很简陋的学校。

关于高原反应

以前每次有"高反",我都是坚持一下,一般两天就好了,然后全程都没有问题,到海拔 5000 米以上都可以。初上高原的时候也是听朋友建议,吃了一些药物,完全没用,后来再也不吃了。

进藏遭遇的困难

前些年是道路通行的困难,这些年来好像没有啥感觉了,道路基本都是柏油路,住宿和餐饮等接待条件都好了很多。

推荐景点

西藏有太多好玩、好看的地方了。比如川藏线上看桃花、看雪山,阿里地区的圣山、圣湖,川藏北线的藏文化之旅等。林周也有著名的热振寺、旁多水库。

关于创作

我的照片只是记录,说不上创作。这些年来我在多次行走西藏的过程中,系统地积累了一些图片,比如说川藏线、青藏线、滇藏线、新藏线、中尼友谊公路(318国道拉萨-樟木)和西藏边境地区的建设成就和山川自然风光。对于林周,只要去到拉萨,总会去一次的,变化中的林周也用照片做了一些记录。比较满意的还是去年在唐古乡、旁多乡和旁多水库等地航拍的一些照片。

进藏小贴士

到西藏旅游,现在出行方式也很多。但是如果你的时间比较充裕,我还是推荐你尝试一下自驾进藏。除了新藏线不建议选作进藏线路,其他几条线路都可以随意安排。

自驾游需要注意的是,最好不要赶路,美丽的风景总是在路上。休息的地方要规划好,选择海拔稍低的地方住宿。

下一次的进藏计划

准备去看看西藏东南部的四个冰川,去时走川藏线,回程走滇藏线。

3

让高原的孩子看到更广的世界！

—— 胡明

江苏省英语特级教师。2016年至2019年期间，他带队"苏州名师送教团"6次进藏。

与林周的缘分

2013年,我刚到苏州市教师发展中心主持工作不久,就接到了林周教师赴苏集中研修的援助任务。整整一个月时间,我们与远道而来的近20位林周老师朝夕相处,安排专家讲座,安排对口学校和对口指导老师,安排跟岗实习和教研活动,彼此建立了深厚的感情。我和林周的缘分,也由此开始。

2016年至2019年期间,我作为召集人,带队"苏州名师送教团"6次进藏,其中5次都在林周。在林周,我们开展了丰富多彩的支教活动,涵盖语文、数学、科学、综合、物理(实验教学)等学科以及教学管理、校本研修、教师发展等领域,并为全县小学、初中教师和校长开设专题讲座,反响热烈。

关于高原反应

很多人去西藏最担心的是高原反应,可我除了第一次进藏有轻微的头痛和呕吐,没有其他反应,好像冥冥中注定和这片土地有某种隐秘而亲切的联系。

对林周的初印象

林周给我的第一印象有点像 20 世纪 90 年代的苏州。乡村小学虽然不少,但位置偏远,初中只有一所,没有高中。在苏州持续的对口帮扶下,近几年当地学校的硬件条件已经有了很大改善,但师资队伍、教学质量与中东部地区相比仍有差距,特别是英语学科。

  一个个发自肺腑的纯真笑容让我难忘，一双双求知若渴的眼睛更让我感动，我的眼睛湿润了。我要让这里的孩子和苏州的孩子一样有享受优质教育的机会，要让他们走出去看看不一样的世界。我发挥自己专业所长，对林周中学进行英语学科专项帮扶，为老师提供教研教学指导，为学生编写备考资料和词汇手册。我牵线苏州初中学校组织冬令营，选拔林周中学优秀初三学生赴苏开展浸润式学习生活，接受苏州名师量身定制的指导，让他们看到更广的世界，激发他们学习的内在信心和动力。让我欣慰的是，这些孩子中的绝大部分都在初中毕业时考取了拉萨的高中以及东部省份的西藏班，整个林周中学的中考英语平均分也有明显提升。

  即便现在我已经退休，我仍然热切关注着苏州对口林周的教育帮扶工作，仍然和林周的校长、老师们保持着联系和交流。希望有机会能再回到高原上走一走、看一看，相信那时的林周校园，一定又是一番新景象。

TIPS

> 2017年苏州市教育局与林周县教育局签署对口帮扶合作备忘录，2018年两地签署共建林周县乡村骨干教师培育站框架协议。到目前为止，苏州对林周县所有中小学（幼儿园）结对帮扶实现全覆盖。

学好当地话,走遍林周都不怕

爸爸:阿爸

爷爷:阿咩

妈妈:阿妈

奶奶:阿伊

吉祥如意：扎西德勒
早晨好：休巴德勒
下午好：求珠德勒
晚上好：宫珠德勒
你好：贡卡姆桑
干杯：夏布哒
好的：啦嗦

谢谢：突及其
再见：卡里沛
我爱你：阿壤嘎波于

太棒了：哑咕噜
女孩：卓玛
男孩：扎西

我：额阿
你：切让
他：阔让

丛林：林卡
酥油茶：甲脉儿
格桑花：格桑梅朵
牦牛：雅克
蓝天白云：档果付尔带
好吃：欣波嘟
太美了：哑咕嘟

阿姨：阿内

姐姐：阿加

叔叔：阿客

哥哥：坚波

林周神兽图鉴

白唇鹿

技能

白唇鹿是一种古老的物种，在早更新世晚期的地层中，就已经发现了它的化石。作为栖息在海拔最高的鹿类，白唇鹿的体毛较长且粗硬，具有中空的髓心，保暖性能好，能够抵抗风雪。由于蹄子比其他鹿类宽大，适于爬山，甚至可以攀登裸岩峭壁，完成长达100~200千米的水平迁移。它还善于游泳，能渡过流速湍急的宽阔水面。

特征

在当地被视为『神鹿』主要的标志是纯白色的唇周。白唇鹿的尾巴是大型鹿类中最短的，仅有10~15厘米。

斑头雁

特征 斑头雁通体大都灰褐色，头和颈侧呈白色，头顶有两道极为醒目的黑色带斑。

技能 擅长游泳。走起路来有些笨拙，跑起来倒是很快。而且斑头雁非常适应高原生活，在迁徙过程中可以飞越珠峰，承受仅有海平面上的30%的氧气浓度。

赤麻鸭

特征 比家禽鸭略大，全身赤黄褐色，翅膀呈白色，看起来有点像《鸭子侦探》里的鸭子。

技能 推理、游泳、潜水、飞行，样样精通，而且生性机警，人类难以靠近。

林周怎么去？

想要去林周，就必须先到拉萨。对于专业"驴友"来说，入藏的最佳方式肯定是自驾，毕竟方向盘在自己手上，想去哪就去哪儿，沿途风光无限好，时间节奏全由自己掌控，对于适应"高反"也颇有帮助。要说自驾的缺点，那就是你得拥有足够的驾驶技术、导航技术、车辆维修保养技术，以及足够的金钱和时间。

自驾之外，入藏最现实的公共交通就是飞机和火车了。前者出行成本高，但是十分节省时间，对于假期时间有限的小伙伴极为友好。飞机直达拉萨，天上的时间刷部剧就过去了。但是，选择坐飞机入藏就不得不考虑直面"高反"的压力，毕竟落地就是几千米的高海拔地区，没有适应时间，落地后需要花点时间修正身心，建议量力而行。

至于火车,那可谓是性价比之王了,既没有自驾的疲劳,也比飞机便宜,哐哧哐哧就入藏了。最重要的是,青藏铁路的沿线风景可是另外两种出行方式欣赏不到的啊!

青藏铁路全长 1956 千米,海拔 4000 米以上 960 千米,最高点唐古拉山垭口海拔 5072 米,被誉为离天最近的铁路!沿途翻越高山跨过大河,穿过一望无际的可可西里无人区,风景要多美有多美。而且火车入藏,海拔逐渐增高,进藏列车车厢内还配有供氧系统,帮你顺利过渡,战胜"高反"。

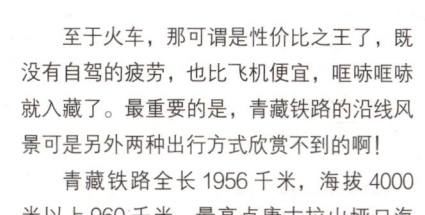

气温多变化,早晚多穿点

林周不存在春夏秋冬四个季节,每年的4月和10月是气温的分水岭。4月到10月初气温基本在7℃~23℃之间,这段时间是来林周玩耍的黄金时间。10月下旬气温主要集中在-12℃~15℃之间,属于旅游淡季,由于气温低,当地人也会停下手头的活儿,开始"猫冬"。

⬢ 这里早晚温差大,所以不管什么时候来,羽绒服和冲锋衣都派得上用场,棉背心也要随时带,热了可以脱,冷的时候真是没办法。

⬢ 由于海拔高,光照充足,林周的紫外线非常猛,所以物理防晒、化学防晒都得安排上。墨镜、遮阳帽、防晒霜不能离身,否则回家妈妈容易认不出你。

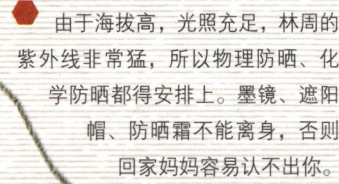

◆ 出门在外,鞋子一定要穿得舒服,最好要防滑。另外,如果要走进农田,不要穿网面的运动鞋,青稞之类的农作物容易"钻"进鞋里扎脚。

◆ 小仙女们多带面膜、护手霜、身体乳,当地气候干燥,指甲周边容易长倒刺,身上也容易起皮,要多多爱护自己。

◆ 整理好心情就准备出发吧,尽管可能会发生高原反应、产生各种不适症状,但当你看到波澜壮阔的景色,会觉得一切都是值得的,并后悔怎么没有早点儿来。

玩转林周的最佳姿势

与其他发达省份相比,西藏旅游的基础设施算不上十分完善。也正因原生态资源的存在,每年有众多户外爱好者前往。没别的,就是"好这一口儿"。

白天追动物

● 虎头山水库

每年11月,黑颈鹤、斑头雁等水鸟都会来此过冬。不过鸟类都很"大牌",不会按照你的时间出现,观鸟需要你付出极大的耐心。

● 旁多水库

林周县的白唇鹿非常著名,它们多集中在旁多水库一带。

摄影爱好者

晚上拍星星

去西藏不拍星星乃憾事也,这里可是离天空最近的地方。晚上选择平整安全的地方就地扎营,这里星空闪烁,银河明亮,似乎伸出手便可以触摸到天幕。星空下是真正澄澈心灵的地方。

很多人将西藏列为人生必去的地方。除了高原流水、雪山皑皑，独特的人文景观也给这片土地增添了神秘色彩。

心灵探觅者

● 唐古旅游服务中心（平措康桑唐古店）

唐古旅游服务中心位于林周最北部的唐古乡，这里有占地7463公顷的热振国家森林公园，有连绵30千米的热振河谷，以及国家级非遗项目热振曲卓，是"拉北旅游环线"上的一颗耀眼明珠，深受游客的青睐。

为了提升当地的游客接待能力和服务标准，总投资2000万元、占地面积近1.13公顷的唐古旅游服务中心正式投用，咨询、餐饮、住宿、购物、医疗、停泊等配套服务设施一应俱全，让你在海拔4000多米的高原也能吃得舒心、玩得开心、住得安心。

来林周,必须打卡的几件事

既然这么小众的花园秘境都被你发现了,那就得玩好了再走,不留遗憾才是。

买一本《拉萨后花园—林周》,玩转高原秘境,还需"高人"指路。

林周农场寻访红色记忆。

晚睡等繁星出没,任由宇宙的光辉璀璨在眼底闪耀。

下几趟茶馆,品尝灵魂炸土豆搭配酥油茶,感受独特又微妙的油脂咸香。

时间回到去年，从老板的办公室里传出一些奇怪的消息，说我们可能马上就要去西藏干活了，而且要待很久。

大家饭后喝着咖啡聊起这件事，都觉得发生的概率不大。西藏，太遥远，而且老板再怎么"黑心"，也不至于把我们这些平日里"体弱多病"并且十分娇滴滴的小姐姐和小哥哥送到高原"苦寒"之地吧？

一周后，收到机票预订成功的短信，工作群炸开锅。老板同时放话："你们这些在江南温润之地上娇生惯养的人，<u>**多去看看世界！多去长长见识！感受感受高原上那些你们的同龄人的那颗奉献的滚烫的内心！**</u>"果然，老板的"黑心"程度又一次刷新了我们的认知。

会不会"高反"？要不要买药？准备什么衣服？你一言我一语，每一个问号都饱含着高浓度的未知和兴奋。这一天开始，大家的日常

问候从"吃饭吗"? 变成了"紧张吗"? 每个人都嘴角向上, 眉毛向下, 快乐又不安。

很快, 项目启动。经过6个小时的飞行, 第一批先遣队员落地拉萨贡嘎机场。又经过两个小时的车程, 抵达林周。月亮已经高高地挂了起来, 大家对着床头大得夸张的氧气罐笑了一通后, 倒头就睡。完全没想到在接下来的日子里, 这"可笑"的罐子会充当起多么重要的角色。

见到林周的第一眼, 是从第二天拉开窗帘开始的。"天呐! 这个蓝天也太好看了吧!""天好蓝啊!""云好白啊!""山好高啊!"画报里才会出现的山脉、草原、牛羊、蓝天, 此刻无比真实地出现在我们眼前。刚睡醒, 头昏昏胀胀, 所有的词汇退化到学龄前淳朴又混乱的水平。

在林周度过的每一天都在刷新你对"天地"这两个字的认知, 或者说是在还原这个世界最初的样貌。天, 不是写字楼里灰蒙蒙的底色, 而是透明的载体, 当你抬起头, 可以从云层里看到不一样的情绪。地, 也不是道路的交汇, 而是生命的载体, 孕育出万物生机。

　　我们在南部遇见林周的生动。甩着尾巴的牦牛群，此起彼伏的哞哞声，牧童咬着一根狗尾巴草跷着腿坐在草垛边，乍起的风把未割的燕麦草吹得沙沙作响。

　　我们在北部见证林周的广阔。在热振寺悠远的钟声里静默地面对万株千年古柏，在清晨的旁多水库眺望远处冰封的山尖，时间仿佛不再流动。

　　我们记得那碗还未完全发酵的酸奶。村长热情地招呼我们沙发落座，各种各样的奶制品被端上茶几：干制的奶酪、咸鲜的酥油茶以及自家发酵的酸奶。不过酸奶一开始都没有加糖，小舔一口，便酸得整个人都缩起来。连加了好几勺糖之后，酸味还是会在第一时间冲击你的口腔。最后，村长抱来还未发酵完成的酸奶，说这个阶段的酸奶是家里小孩子最喜欢吃的，还没发酸，奶味浓郁，你们尝尝！那一刻有过年回外婆家吃饭的错觉，村长使尽浑身解数只是希望你说一句好吃，然后多吃几口。

　　我们记得那双有光的眼睛。波多寺的后山俯瞰绵延的山坡，起伏的草地给人软糯的质感，像是天然的巨型蹦床，让人很想跳上去蹦一蹦。就是在这个山坡前，波多寺的负责人给我们讲述了他对于这片宝藏后山的规划。"这里可以体验骑马,那里可以过林卡,这边可以加一道缆车……"他说话的时候眼睛里散发出难以忽略的光彩,让人愿意相信希望的力量。

我们感受到无须言说的信仰。给我们开车的司机是个普通话不太好的藏族大哥,车技很好,偶尔也会在盘山公路上让有些缺氧的我们鬼哭狼嚎。他很少说话,也不太爱动弹,大部分时候都是坐在车里等我们。不过,只要到了寺庙,他就一定会从车里出来,绕着白塔转经一圈。他的表情并不是我们想象中的那种特别严肃或者特别虔诚,甚至是有些轻松的。你看着他的背影,绝不会想冲上去问他为什么要这么做,也许这就是信仰。

我们怀念那些远去的困难。从温润的江南水乡冲到神秘的高原圣地,一定会经历一些"难忘"的时刻:也许是在海拔4200多米吸光了最后一口氧气,但是却遇到热心的副乡长,找遍当地的卫生所,把仅剩的半瓶氧气都拖了过来;也许是落脚的旅馆没有自来水,老板开着小拖车帮我们从不近的小商店运来了整整一箱瓶装纯净水,我们在繁星下绕着花坛刷牙洗脸,笑成一团;也许是碰上临时修路只能凌晨赶路,本想着在车上还能眯会儿眼,结果一路弯弯绕绕的盘山小道几乎要把人甩出车外,但是也因此遇上了绝美的日出,我们依偎在一起啃着面包,脸上被映得红彤彤的……所有的困难都会过去,都会被淡忘,但这些特别的经历与感受会在心里种下火苗,每一次想起都会升腾出斑斓耀眼的烟花。

缘分是何其奇妙的事情!1994年,苏州与林周牵手,天堂遇见雪域。援

藏干部接力前行，历经10000多个日日夜夜，为林周县脱贫摘帽、拥抱美好生活做出"苏州贡献"。终于，在苏州对口支援林周的第27个年头，我们从苏州出发奔赴林周，带着做书的使命去探寻这份超越时间和空间度量的情谊。在这里更要感谢苏州第9批援藏干部给了我们为这份情谊增添一些感悟和注脚的机会；感谢各局、乡的配合，让我们在林周的旅程如此顺利；感谢吾干吉米和索珍老师，你们的书法作品让我们的设计师如获至宝；感谢各位司机师傅的绝佳车技，助我们一路翻山越岭、有惊无险；感谢各位村干部千方百计为我们收集氧气瓶，让我们可以一路续命向更高处前进；最后感谢每一次野外如厕时帮忙"站岗"的同事，这都是过命的交情！

同时，感谢因为此书结识的王白石小姐姐，为我们这些"陌生人"提供了老朋友般的帮助，让我们在氧气稀薄的高原如沐春风，请下次到苏州时务必告知，我们好酒以待。

相信你看完这本书，对于西藏，对于林周，不再是"希望这辈子可以去一次"，而是你与林周的缘分从今天起正式开始。你准备好了吗？

你

来，或不来，我们都在这里。

情调苏州工作室作品

《情调苏州》　　（中文版2011版）
《情调苏州》　　（英文版2012版）
《情归同里》　　（中文版2012版）
《情调苏州》　　（中文版2013版）
《苏州情书》　　（微电影2013出品）
《缘来常熟》　　（中文版2013版）
《情定金鸡湖》　（中文版2014版）
《情定金鸡湖》　（英文版2014版）
《昆山有戏》　　（中文版2014版）
《IN SUZHOU》　（英文版2014版）
《时间里》　　　（微电影2014出品）
《情调苏州》　　（英文版2014版）
《昆山有戏》　　（英文版2016版）
《静秀太仓》　　（中文版2016版）
《情调苏州》　　（中文版2016版）
《印象张家港》　（中文版2016版）
《情定金鸡湖》　（中文版2017版）
《情定金鸡湖》　（英文版2017版）
《悦晋城 约晋城》（中文版2017版）
《邂逅相城》　　（中文版2017版）
《静秀太仓》　　（英文版2018版）
《初见晋城》　　（形象片2018出品）
《心上吴中》　　（中文版2019版）
《丝·念吴江》　（中文版2019版）
《福，如东海》　（中文版2019版）
《相守一城》　　（中文版2019版）
《情调苏州》　　（中文版2019版）
《常来常熟》　　（中文版2020版）
《绣美山水 智汇高新》（中文版2020版）
《诗意山海 曼妙连岛》（中文版2021版）
《如皋如歌》　　（中文版2021版）

（截至2021年）

主编
张俊启

运营统筹
奚晓平

艺术总监
王银梅

执行统筹
王　楠　于　鹏　顾　芸

图片统筹
王　达　蒋世颖

插画
某只梅　魏荣荣

主创团队
吉　克　李媛媛　戚振林　施玉谦　王梦伊　徐志强　虞恬静　袁　炜

图文支持
西藏自治区摄影家协会
《西藏人文地理》林周县文化和旅游局

阿旺洛桑　卓·丹增曲培　达瓦次仁　南木加　普布次仁　米玛次仁
扎西次仁　扎西卓玛　程志文　顿　珠　索　珍　旺　杰　吾千吉米　格桑嘉措
姚新峰　姚海全　刘　佳　丁嘉一　费　剑　胡　明　刘　斌　司洪波　寒　阳　杨柳松
张　静　张　翼　跑跑Yang　颜道靖　李　祥　冼德刚　龙俊霖　李铭

（排名不分先后）

特别鸣谢
苏州市第 9 批援藏工作组